島田裕巳

葬式は、要らない

GS
幻冬舎新書
157

はじめに

葬式が厄介なのは、それが突然に訪れるからである。

冠婚葬祭のうち、私たちは結婚式と葬式の二つをもっとも重視し、それに見合うだけの金もかける。

だが結婚式がたいがい十分な時間をかけて準備をするのに対して、葬式は準備のための時間が極めて限られる。しかも、結婚式なら、結婚するたびにやれるが、葬式はただ一度の機会しかない。失敗は許されない。

その点で、私たちは前もって葬式について考えておかねばならない。葬式とはいったいどういうものなのか――それを具体的に知り、その上で、どうそれに取り組むのか、基本的な方針を立てておく必要がある。

もちろん、これまで葬式についての本は数限りなく出版されている。多くは葬式の作法を記したマニュアルで、冠婚葬祭全般についての指南書も少なくない。

葬祭業界の内幕を暴いたものもかなり出ている。葬祭業というビジネスがどういうものなのか外側からはなかなかうかがえない。暴露本はそれを明らかにしてくれる。

しかし、実際に葬式を出す場面に直面したとき、必要なのは葬儀の細かなやり方についての知識ではない。しきたりも現代では地域差がなくなり、さほど煩《わずら》わされない。それに葬祭業者に全面的に任せてしまえば、遺族は細かなことを心配しなくてよくなっている。

そうした状況がある以上、今、私たちが葬式について知るべきは、もっと根本的なことである。

いったい私たちにとって、葬式はどんな意味をもつのか。

それは今、どう変化しているのか。

何が変わり、何が変わっていないのか。

そもそも、本当に葬式は必要なものなのか。

葬式をめぐる慣習や習俗は、最近になって大きく変わりつつある。それが今必要な基本的な認識である。その変化の原因はなんなのか、そこまで理解しないと、変化にどう対応したらいいのかも見えてこない。

実際に葬式をあげた後、私たちは、本当にこれでよかったのかと考えこんでしまうことが少なくない。葬祭業者は親切で、丁重に式をリードしてくれたし、実際すべてはつつがなく終了した。

だが、そこにはかなりの金額がかかった。果たして、それに見合うだけの葬式だったのか。それで本当に故人を弔《とむら》ったことになるのか。考えはじめると、わからなくなる。

とくに戒名《かいみょう》の問題は、納得できないことが多い。これは、葬祭業者ではなく、葬式で導師をつとめてくれた僧侶《そうりょ》にかかわることだ。なぜ戒名というものは存在するのか、そこにはどういう意味があるのか、院号《いんごう》は必要なのか、戒名料はなぜとられるのか。戒名がないと成仏できないのか。

戒名にかんしては、次々と疑問がわく。僧侶に聞けば、その意味を解説してくれるはずだが、それを聞いても、どこか納得できない部分がある。

現実に一番難しいのは、故人の遺骨をどこに葬るか、つまりは墓の問題である。自分の家にすでに墓があるのなら、そこに納骨すればいい。

だが、墓がないとしたら、どうしたらいいのか。なるべく家に近いところに墓を求めたいが、それも経済的に難しい。だったら、どこに求めればいいのか。

最近は、散骨などという、墓を作らないでもいいやり方が広まりつつあるが、果たしてそれを選択していいものだろうか。考えれば考えるほど、葬式についての悩みは深くなり、答えが出ない。

本書の執筆を思い立ったのは、そうした疑問に対する一助となるものが必要だと考えたからである。葬式の細かなやり方や作法については、他の本を参考にしてもらいたい。むしろ重要なのは、葬式に臨《のぞ》むにあたっての基本的な考え方や態度であり、方針である。

それを新書という形にしたことにも意味がある。新書なら手軽に短時間で読める。身近に死者が出て葬式を待つあいだでも、新書なら読み切ることができる。

いちばん大切なことは、納得できる葬式をあげることだ。あるいは反対に、納得の上で、葬式をしないこと、または簡略化することである。

最近の社会の変化は速い。昔ならそう簡単には変わらなかった慣習や習俗が急速にその姿を変えている。それに追いつくことは、一般の人には難しい。変化に戸惑い、疑問が生じても、手近にいる人間が答えを出してくれるわけでもない。

本書が、少しでも納得できる人生のしめくくり方に結びつくなら、著者としてこれほど嬉しいことはない。

第1章 葬式は贅沢である

どんなに寿命がのびたとしても

葬式は贅沢《ぜいたく》である――これが、本書の基本的な考え方であり、メッセージである。

贅沢とは何か。それは、必要の限度を超えて、金銭や物などを惜しみなく消費することである。

葬式が贅沢であるなら、それは本当は必要のないものなのではないか。議論は最終的に、「葬式無用論」に行き着くはずだ。

ではなぜ葬式は贅沢なのだろうか。

まずはその点から考えてみたい。

人は死ぬ。これは動かしようのない事実である。

たしかに寿命は大幅にのびた。天下統一した織田信長が「人生50年」と言ったのは有名だが、今では人生80年が当たり前である。70歳で亡くなれば「まだ若いのに」と言われる。

とくに日本人の平均寿命ののびは驚異的で、男女共に世界トップクラスを争っている。女性はずっと世界一だ。

しかし、いくら長寿になっても、私たちが死を免れられるわけではない。将来、不死が実現する見込みもない。人間が生物である以上、死は避けられない。

ただ、宗教の世界には、死を免れた人物が存在する。

高野山《こうやさん》は真言宗《しんごんしゅう》の総本山だが、その奥の院に葬られた弘法大師《こうぼうだいし》・空海《くうかい》は、まだ生きているとされる。今でも高野山の僧侶たちは一日に三度、弘法大師のもとに食事を運ぶ。その様子を尋ねると、僧侶たちは「お大師《だいし》様《さま》はお元気です」と真顔で答える。

新宗教の元祖というべき天理教でも、1887（明治20）年に亡くなったはずの開祖・中山みきは、やはり教会本部の奥にある教祖殿《でん》で生きているとされる。高野山と同じように一日三度、食事を供される。季節が変われば衣替えが行われ、テレビが普及するようになった時代には、テレビも持ち込まれた。今ならコンピュータが持ち込まれているかもしれない。

キリスト教でも、信仰の対象となったイエス・キリストは、十字架に架けられて殺された後、三日後に蘇り、復活したとされる。キリストの復活は、キリスト教信仰の核にある。

どれも、科学的な観点からはあり得ない話だが、信仰の世界では、不死は決して起こり得ないことではない。

古代から人間は葬式を営んできた

だが一般の人間は、たとえ深い信仰をもったとしても死を免れられない。

そして、人が死ねば、葬式をあげる。

世界のどの国においても、どの民族においても、何らかの形で葬式が営まれてきた。その形式は、それぞれの社会において、どういった宗教が支配的かによって異なる。キリスト教にはキリスト教の、イスラム教にはイスラム教の葬式のかたちがある。

葬式の歴史は古い。草創期の人類がいったいどのような葬式を行ったのか、文献資料が存在しないために、それを跡づけることは難しいが、考古学の発掘で明らかになった埋葬方法を見ると、埋葬にあたって何らかの儀式が行われた痕跡を見出せる。

人類は、その最初から、葬式を営んでいた可能性が高い。少なくとも、死者をそのまま放置したわけではない。

日本人も古代から葬式を営んできた。具体的にどのようなものだったかは明らかではないが、弥生時代の埴輪《はにわ》などは、みな古墳から見つかっており、それが古代の葬式の方法と密接に関係があったものと考えられる。

古墳のなかには「装飾古墳」と呼ばれるものがあり、主に北九州で発見されている。その内部には、さまざまな絵や模様が描かれており、死者の赴く世界を表現したものと考えられる。

少し時代を下ると、高松塚《たかまつづか》古墳やキトラ古墳のように、立派な装飾を施した古墳も出現する。

そうした古墳に葬られたのは、天皇や皇族あるいは豪族といった権力者で、一般の人は古墳には埋葬されない。それでも、甕棺《かめかん》に葬られた古代の一般人の遺骸《いがい》が数多く発掘されており、その際にも、詳細はまったく不明であるものの、何らかの葬式が営まれたものと推測される。

それは今日にまで受け継がれている。身近に死者が出れば、私たちは葬式を営んで死者を弔うのである。

葬式費用231万円は世界一

葬式をあげるのは普遍的なことだが、日本人が葬式に相当な費用をかける点は、決して普遍的なことではない。

財団法人日本消費者協会が2007（平成19）年に行った「第8回葬儀についてのアンケート調査」の結果では、葬儀費用の全国平均は231万円である。

その内訳は、葬儀一式費用（葬儀社へ支払うもの）が142万3000円、飲食接待費用（料理屋、香典《こうでん》業者などへ支払うもの）が40万1000円、お布施・心付け（寺などへ支払うもの）が54万9000円となっている。

葬儀費用については地域差が大きい。四国が全国最低の149万5000円であるのに対して、もっとも高い東北は282万5000円で、四国のほぼ倍である。

231万円といえばかなりの高額だが、世界と比較してみても、それは飛び抜けて高い。時代としては少し前のものだが、1990年代の前半、アメリカの葬儀費用は44万4000円、イギリスは12万3000円、ドイツは19万8000円、韓国は37万3000円だった。浪費の国アメリカでさえ日本の5分の1であり、全体に一桁違う（冠婚葬祭業の株式会社サン・ライフの資料による）。

しかも、日本人の葬儀費用は昔に比べて上昇している。同じ日本消費者協会の調査では、2003年こそ237万6000円と2007年より高かったが、その前、1999年では226万1000円、1995年では215万5000円だった。

この間、物価全体が下落傾向だったことを考えると、葬式費用はかなり高騰していると言える。つまり葬式は年を追うごとに贅沢になっているのだ。

葬式は法的な義務ではない

たしかに人類は、どの国でも、どの民族でも、どの宗教においても、そして、どの時代でも、死者が出れば、葬式を行ってきた。だが、葬式は法律によってしなければならないと定められているわけではない。

つまり、葬式などいっさいしなくても罰せられない。

死者が出ると、医師に死亡診断書を書いてもらい、それをもって役所に行き、死亡届を提出する。すると火葬許可証（埋葬許可証）を渡される。そこまでの手続きは必要だが、それ以降、どうするか法的に決まっているわけではない。

遺体の処理については「墓地、埋葬等に関する法律」で定められている。これは「墓埋法」と略称されており、その第一条には、「この法律は、墓地、納骨堂又は火葬場の管理及び埋葬等が、国民の宗教的感情に適合し、且《か》つ公衆衛生その他公共の福祉の見地から、支障なく行われることを目的とする」と記されている。

この墓埋法において重要なのは次の3点である。（1）死亡後あるいは死産後、24時間経たなければ、埋葬も火葬も行ってはならないこと、（2）火葬は火葬場以外で行ってはならないこと、（3）埋葬は墓地以外で行ってはならないこと、である。

火葬や埋葬まで24時間の猶予が確保されているのは、万が一、死亡診断に過ちがあってはならないからだ。現在は医療技術の発達で、生死の判断は厳密に行われるようになったが、昔は今ほど明確に死を判定できなかった。

推理小説の開拓者エドガー・アラン・ポーに「早すぎた埋葬」という短編がある。そこでは、生きたまま埋葬される恐怖が描かれる。もし、棺桶に入れられて火葬場まで運ばれ、火葬の寸前に生き返ったとしたら、これほどの戦慄はない。

こうしたことがないよう24時間の猶予が与えられている。そこだけは法律で決まっているが、あとは自分で火葬したり、焼いた骨を勝手な場所に埋葬してはならないと規定されているだけである。葬式のことは、墓埋法ではまったく規定されていない。

死者が出たとき、何らかの葬式をあげるのが普通だが、それは習俗や慣習であって、法律の次元では葬式をしようとしまいと自由なのである。

とはいえ、葬式をしない選択は、現実にはけっこう面倒な事態を招く。その点については後で述べるが、議論の前提として葬式が法律による義務でないことをおさえておく必要がある。

葬式無用の主張

昔から「葬式無用論」を唱える人たちはいた。

たとえば最近人気が高い白洲次郎《しらす》の場合である。

白洲は戦後、GHQ（連合国軍総司令部）との折衝《せつしよう》機関である終戦連絡中央事務局に参与や次長としてつとめ、日本国憲法誕生の生き証人の一人となった。その後、第二次吉田茂内閣では貿易庁長官をつとめ、東北電力会長などを歴任した。彼が最近注目を集めるのは、夫人が白洲正子であることも大きい。

白洲は大の車好きで、大正時代、イギリス留学時には、高級スポーツカー、ベントレーを乗り回した。そこにはモダンでスマートだった白洲の生き方が示されている。

その白洲が死の五年前に残した遺言が、

「一、葬式無用
一、戒名不用」
であった。

これが彼の遺言のすべてで、生前の白洲は、知りもしない人間が義理で葬式に来るのを嫌い、正子夫人には「葬式をしたら化けて出るぞ」と脅かしていたという。

無駄なことはしないという白洲の合理主義は、留学先のイギリスで培われたもので、彼は宗教も嫌った。結婚式も、神社ではあげず、京都のホテルに親族を20人ほど集めて行った。

白洲の葬儀は、遺言どおり遺族が集まって酒盛りをしただけだった。正子夫人が亡くなった際も葬式や告別式は行われなかった（青柳恵介『風の男　白洲次郎』新潮文庫）。

日本で最初に葬式無用論を唱えたのは、自由民権運動家の中江兆民《なかえちょうみん》だった。兆民が最初にそれを提唱したのは、1887（明治20）年だが、彼は1901年に咽頭癌《いんとうがん》の宣告を受けてから、『一年有半《いちねんゆうはん》』といった著作のなかで、霊魂の不滅や神の存在を観念的なものとして退け、唯物《ゆいぶつ》思想を展開した。

兆民は、癌宣告を受けた年に亡くなるが、遺言は「おれには葬式など不必要だ。死んだらすぐに火葬場に送って荼毘《だび》にしろ」というものだった。実際、葬式は行われず、遺体は当時としては珍しく解剖され、墓碑《ぼひ》も建てられなかった。

ただ、残された者たちは、彼の死を悼《いた》んだ。自由民権の運動に参画し、生前の兆民と親交のあった板垣退助《いたがきたいすけ》や大石正巳《おおいしまさみ》たちが青山会葬場で、宗教的なものをいっさい排除した「告別式」を開いた。これが、今日一般化している告別式のはじまりだとされている。

葬式を望まなかった兆民が、告別式の生みの親になるとは少し皮肉な話だが、葬式にかんして故人の遺志と周囲の意向との不一致はいくらでも起こる。そこに葬式の問題をめぐる難しさがある。

散骨はいつから認められるようになったか

葬式だけではなく墓の否定、つまり墓を作らないことも可能である。

墓埋法では、遺骨の埋葬は墓地以外の場所で行ってはならないと規定されているだけである。もし遺骨を埋葬しないなら、状況は違ってくる。

墓を作らないあり方の一つが、「散骨」である。遺骨を砕いて灰にして、海や山に撒くのだ。

散骨するなら埋葬の必要はない。よって、墓を作る必要もなくなる。

20年ほど前まで散骨は法的に認められていないと考えられていた。実際、1987（昭和62）年に、昭和を代表する俳優・石原裕次郎が亡くなった際、兄の石原慎太郎は、その密葬《みっそう》で「海が好きだった弟の遺灰《いはい》を太平洋に戻してやりたい」と挨拶したものの、それは法律に違反するという周囲の反対で、実現できなかった。

ところがその4年後の1991（平成3）年10月、「葬送の自由をすすめる会」という組織が、神奈川県三崎海岸のヨット・ハーバーからヨットで2時間ほど航行した相模湾の洋上で散骨を行った。

対象になったのは、その30年前に失恋で自殺した女性の遺骨で、それは故人の関係者によって長く守られていた。故人は、裕次郎と同様に、海をこよなく愛したという。

散骨時には、故人の関係者が挨拶し、ヨットの汽笛が鳴り響くなか、花輪とともに遺灰が海に撒かれた。参列者は、次々と花束を海に投げ入れ、酒とワインを注いだ。最後に全員が黙禱《もくとう》した。こうしてはじめての散骨は終了した。

葬送の自由をすすめる会は、散骨を行ったことを、その10日後に発表した。この会では、散骨のことを「自然葬」と呼んだ。

この散骨に対して、法務省刑事局は「遺骨の損壊、遺棄を禁じる刑法190条の規定は、社会習俗としての宗教的感情などを保護する目的だから、葬送のための祭祀《さいし》で節度をもって行われる限り問題はない」という見解を発表した。

また当時の厚生省も、墓埋法との関係について、この法律は「散骨のような葬送の方法については規定しておらず法の対象外で、禁じているわけではない」という立場を表明した。

こうした政府の見解が出たことで、散骨はお墨付きを得た形となった。裕次郎があと5年長生きしていたとしたら、その遺骨は散骨されたに違いない。

葬送の自由をすすめる会では、これ以降、１２００回以上にわたって全国各地で自然葬を営み、２０００人以上の遺骨が海や山に撒かれている。

最近では、散骨を行う葬祭業者も増え、幅広く実践されるようになった。ただ、散骨は規制すべきだとする声もあり、業者の「散骨場開発」を規制する条例を制定した自治体もあって、その是非が議論にもなっている。

散骨すれば、墓を作る必要はない。死者が出たとき、病院から火葬場に直行し、焼いた遺骨をどこかに撒くのなら、葬式もいらなければ、墓もいらない。

これほど簡単なことはないし、死者を葬る費用も節約できる。墓を求めると、場所がどこだろうとかなりの金が必要だが、それもいらない。しかも合法だから法律で咎《とが》められることもない。

葬式をしない例は少ない

葬式が贅沢だというのは、法的にその実施が規定されていないからである。葬式は、絶対に必要なことではない。しかし私たちは死者が出れば葬式を行い、しかも相当な費用をかけて死者を弔っている。

散骨も選択肢の一つにはなっているものの、多くは遺骨を墓に埋葬する。「自分の遺骨はどこに埋葬して欲しいか」といったアンケート調査では、散骨の希望は10から20パーセントにのぼるが、実際はそれほどの数の人たちの遺骨が海や山に撒かれているわけではない。

葬式は不必要だと遺言した中江兆民が、結果的に告別式の生みの親になったように、死者が出た場合、たとえ宗教の形式をとらなくても、いっさいなんの儀式もしない例は少ない。白洲次郎の場合も遺族が集まって故人を偲《しの》んでいる。これは、広い意味で葬式だ。

かつて「密葬」と言われた家族だけの葬式は、最近「家族葬」と呼ばれるようになり、それを選択するケースが増えたが、家族葬もあくまで葬式の一つの形態であり、それさえ行わないケースは現実には少ない。

葬式が行われないと、故人と関係があった人たちには死者とのけじめがつかない。生きていた人間を失うことは、家族以外の人間にも大きな出来事で、何らかの形でその死を確認したいという思いが生まれる。

そのため葬式をいっさいしないと、せめて焼香だけでもしたいと申し出る人があらわれる。故人の遺志で葬式はせず、家族葬だけで済ませた結果、故人を知る者たちから「自宅にうかがって焼香をしたい」と希望され、かえって面倒な事態を招くこともある。

人類が大昔から葬式を営んできたのも、そこに一定の役割があるからである。人は、誰かかかわりがあった人が亡くなれば、それを弔いたい。少なくとも、その死を確認して、けじめをつけたい。葬式への参列ほど明確なけじめの機会はない。

社葬は日本の文化

ただし、葬式を出すことと、葬式に多額の費用をかけることとは直結しない。

それでも、葬式に費用をかける意味が出てくる場合もある。その典型が「社葬」である。

社葬は、会社の会長や社長、重役など、重要なポジションの人間が亡くなったとき、会社自体が施主《せしゅ》になって行う葬式である。

バブル経済の時代には、大規模な社葬が営まれ、社会的にも注目を集めた。だが、バブル崩壊後、長期にわたる不況で企業が経費削減を求められるなか、社葬の規模も縮小した。

しかし、社葬がまったくなくなったわけではない。それは、日本の企業文化の不可欠な要素になっている。

注目すべきは、この慣習が日本特有のものだという点である。

「社葬」にあたる英語を和英辞典で調べてみると、「a company-sponsored funeral」といった訳語が示されている。しかし、実際にこうした英語が使われているのかどうかを調べてみると、その実例は見つからない。これはあくまで「社葬」の内容を説明した英語の解釈であって、海外には、社葬にあたるものは存在しないのだ。

日本の企業社会では、経営者は会社の顔としての役割を果たす。創業者ともなれば、一代で企業を大きくした功績が認められ、社会的に高い評価を得る。その点で、カリスマ的なトップの死は一つの事件であり、ときには社会全体の大きな話題となる。

その人物が亡くなると誰が後継者となるかが大問題になる。それは企業の信頼性に関係する。十分な能力をもつ後継者があらわれなければ、企業そのものへの評価が低下し、ひいては業績にも影響が出る。

したがって、その会社の社葬は、取引先に対して、さらには社会全体に向かって、後継者の披露の機会ともなる。後継者が喪主をつとめることも多い。立派な葬儀をあげられるかどうかによって後継者の評価も変わる。

そうである以上、たんに葬式をあげるだけでは不十分で、亡くなった前経営者の業績を讃《たた》えつつ、死後も会社が安泰であることを示すにふさわしい葬式を営まなければならない。そこに社葬の意義がある。

家族による密葬とは分離された社葬の慣習が生まれたのは１９７０年代に入ってからのことである。その時代には、高度経済成長の時代に各企業の発展に大いに貢献した経営者たちが亡くなった。

１９８０年代半ばからのバブルの時代に入ると、社葬の規模は大きくなり、故人に「院殿大居士《いんでんだいこじ》」といった、昔なら大名しか授かれなかった最高位のランクの戒名が与えられ、宗派の本山から位の高い僧侶が何人も導師として招かれて盛大に営まれた。バブル経済の拡大にともなって、社葬のバブル化も進んだのである。

この時代の社葬は、まさに盛大な贅沢にほかならなかった。

そこには、たんに故人の死を悼み、故人の生前の業績を讃えるだけでなく、企業の力を誇示する役割が期待された。バブルが続くあいだは、いかに贅沢な社葬が営まれるかが、その企業の実力を示す指標となった。贅沢にも社会的な意味があったのである。

それはなにも大企業だけではない。中小企業でも、商店でも、中心的な経営者の葬式は、それぞれの企業や店のこれからの存続を外に向かってアピールする重要な機会になった。

故人となった経営者の業績にふさわしい葬式でなければ、遺族は納得できないし、周囲も納得しない。立派な葬式を営むには、やはり金をかける必要があり、そのために、社葬は贅沢になったのである（社葬については、中牧弘允《ひろちか》編『社葬の経営人類学』東方出版を参照）。

何も残らないにもかかわらず

葬式にいくら費用をかけても、何かが残るわけではない。祭壇はすぐに壊され、棺も、いくら高価な材料を使っても、火葬されれば、ただの灰になる。飲食もそれを楽しめるわけではないし、香典返しも、カタログから商品を選ぶシステムが広がっているが、果たしてそれが必要なのか、疑問を感じることも少なくない。

にもかかわらず、通夜と葬儀・告別式だけのために、一般の人でも200万円を超える費用をかける。それが大企業の経営者ともなれば相当の額を費やす。

葬式は決して喜ばしい場ではない。その点で、贅沢をすべき機会ではないはずである。だが現実には葬式に金をかけ贅沢をする。

なぜ日本人は贅沢な葬式をあげてきたのか。人の死に莫大な金をかけてきたのか。葬式の現状はどうなっているのか。そして今後、葬式はどう変化していくのか。また、変化しないのか。最終的には、やはり葬式無用論に行き着くのか。

次章以下で考えてみたいのは、私たちにとっての葬式の意味であり、私たちと葬式のあるべき関係についてである。

第2章 急速に変わりつつある葬式

「直葬」登場の衝撃

私が今、現代の葬式の問題を考える必要があると思ったのは、葬式をめぐる世界でそれだけ大きな変化が起こりつつあるからである。

それをもっとも象徴するのが「直葬」の増加という事態である。「直葬」という字を見て、いったいそれをどう読むのか悩む人もいるだろう。

それも当然である。このことばが生まれたのは最近のことである。しかも、これを「ちょくそう」と読む人もいれば「じきそう」と読む人もいて、統一されていない。おそらくこれからは「ちょくそう」が定着すると思われるが、現状では二つの読みが併用されている。

仏教界は「じきそう」と読み、葬祭業者は「ちょくそう」と読む。仏教の世界では、漢字を「呉音」で読むのが一般的で、直の呉音は「じき」である。たとえば、一直線に悟りの世界に行き着くことは「直道」で、これは「じきどう」と読まれる。

どう読むかはともかく、直葬とは、故人が亡くなった後、いったん自宅に遺体を安置し、近親者だけで通夜を行うものの、その後、遺体を直接火葬場に運び、やはり近親者だけで見送って、それで終わりにするやり方である。

要するに、寺や葬祭場で最初の夜に通夜を営んで会葬者を呼び、翌日にも会葬者を呼んで葬儀・告別式を営み、それから火葬する一般的な葬式に比べて、直葬はかなりシンプルなのである。

もともと直葬は、亡くなっても身元がはっきりしない人や生活に困窮していて十分な葬式代が出せない人のためのものだった。それが、一般の人々の葬式でも利用されるようになり、現在、東京では20パーセントが直葬だとも言われる。直葬の普及率は東京が圧倒的に高く、地方ではまだ5パーセントから10パーセント程度である。

私が、直葬についてはじめて聞いたのは、それほど前のことではない。最初は２００７（平成19）年のことで、直葬ということばの生みの親とも言われる碑文谷創《ひもんやはじめ》が刊行する隔月刊の葬儀専門誌『ＳＯＧＩ』のなかの葬祭業者たちの座談会を読んでからだった。その座談会では「直葬のような方法も見られるようになってきた」程度の言い方がなされていたものの、私は驚いた。直葬があまりに簡素なやり方に思えたからである。

次の年になると、直葬がかなり増えているという話が聞こえてきた。実際には、もう少し前の時点から、そうしたことが起こっていたのかもしれないが、私は直葬の増加に注目しなければならないと感じた。

2009年になると、身近なところで実際に直葬で葬式をしたという人の話を聞く機会があった。故人は高齢で亡くなり、その子どもにあたる人から話を聞いたのだが、喪主となった故人の夫人は、直葬という形式を事前に知っていて、それを選択したという。

では、直葬とは具体的にどのような方法なのか。もう少し詳しく見てみよう。

直葬とはどんな葬式か?

現在、大半の人は病院で亡くなる。直葬では、故人の遺体を寝台車に乗せ、自宅や葬儀社が用意する一時的な安置場所に搬送し、とりあえずそこに安置する。

そこで遺体を棺に納め(納棺)、近親者だけで通夜をする。会葬者は呼ばない。いったん自宅などに搬送するのも、前の章で見たように、火葬までに24時間以上の経過が必要だからである。

通夜が済めば、翌日、霊柩車《れいきゅう》で火葬場へ出棺する。そして、やはり近親者だけで故人に別れを告げ、遺体は荼毘《だび》にふす。最後に、収骨、骨あげをして葬式は終わる。

これが、直葬のもっとも基本的なやり方である。ただ、火葬場で僧侶に読経してもらうこともあれば、骨あげが済んでから精進落としのために近親者で食事をとることもある。
直葬では基本的に近親者以外の会葬者を呼ばない。その点では、密葬、家族葬の一番簡略化された形態だとも言える。

これは、私自身も身内の葬式で経験したことだが、故人が80歳あるいは90歳を超えて亡くなり、大往生を果たしたとすると、たとえ通夜と葬儀・告別式からなる一般的な葬儀を行ったとしても、参列者の数は決して多くない。

女性だと、近親者以外に参列者が誰もいないことが起こり得る。故人の友人や知人は、すでに鬼籍に入っていたり、存命でも、葬式に出向く体力や気力が備わっていないことが多いからである。無理に列席すれば、それこそそれが原因で病気になり亡くなることも起こり得る。遺族も、高齢者には、身内の葬式に参列してくれとは声をかけにくい。

葬式を近親者だけで営むのであれば、世間一般に向かって故人が亡くなったことを告知する必要もない。近親者が最後のけじめをつければそれで済む。直葬の増加は、寿命がのび、いわば大往生が増えてきたことが大いに影響している。

昔「密葬」、今「家族葬」

直葬は、「火葬」あるいは「火葬式」と呼ばれることもある。火葬というとまぎらわしいが、葬儀の中心が火葬にあるわけだから、そうした表現が出てくるのもうなずける。

直葬もそのなかに含まれるわけだが、現在では、近親者だけで行う葬儀としては「家族葬」が定着している。

家族葬は、葬儀の形式というよりも、近親者だけで行う規模の小さな葬式全般を指す。以前は「密葬」と呼ぶのが一般的だった。家族葬は１９９０年代になってから葬儀社が発案し宣伝したことばだとも言われる。

葬儀社は時代の変化に敏感で、それに即して機敏に対応する。そして、新しいスタイルを作り上げ、新しい呼び名もすぐに用意する。その機敏さが葬式の変化を加速させている。

一般の葬式では、生前、故人とゆかりのあった人たちに声をかけ会葬者を集めるが、家族葬の場合は、まったく声をかけないか、一部のごく親しい人たちだけに声をかける。あるいは、「家族葬なので会葬は不要である」、と告知することもある。

これも、高齢者の大往生が増え、会葬者の数が自然と減ってきたことによる。会葬者の数が少ないのなら、近親者だけで済ませ、会葬者に負担をかけるまでのこともない。そうした遺族側の希望が強くなってきたのである。

葬式のオールインワン方式、ワンデーセレモニー

通常なら通夜と葬儀・告別式で二日かかるところを、一日にまとめた「ワンデーセレモニー」という形式も生まれている。

もともと通夜は、近親者だけで営むものだという感覚があり、一般の会葬者が参列するのは葬儀・告別式のほうだった。

ところが、サラリーマン社会の傾向が強くなり、葬儀・告別式に参列するには仕事を休まなければならなくなった。そのため一般の会葬者でも、葬儀・告別式ではなく、むしろ通夜に参列することが多くなってきた。通夜や葬儀・告別式の曜日がいつかも影響するが、通夜の方が会葬者が多い場合も少なくない。

すでにそうした変化はかなり前から起こっていた。故人がまだ若かったり、現役あるいは退職後それほど時間が経っていない場合には、会葬者はかなりの数にのぼり、通夜と葬儀・告別式を二日に分けて行う必要がある。だが逆に、会葬者が少なければ、通夜を含めた葬式を二日にわたってやる必要もない。

そこからワンデーセレモニーという形式が生まれることになった。この場合には、通夜を葬儀・告別式といっしょにしてしまい、火葬は翌日の昼間に近親者だけで行うことになる。

ワンデーセレモニーには、いろいろなバリエーションがあり、直葬がそこに含まれる場合も

あるし、通夜は近親者だけで自宅などで行い、葬儀・告別式の方にだけ会葬者を招くというやり方もある。会葬者を呼ぶ機会を葬儀・告別式に限定するのがワンデーセレモニーだと考えていいかもしれない。

葬式だけではない簡略化の流れ

このように全体に葬式の簡略化が進んでいる。手間も時間も節約され、当然、費用も従来型の葬式に比べてかからなくなっている。僧侶も呼ばなければさらに節約できる。

葬式は、社会的な慣習であり習俗である。慣習や習俗は昔から受け継がれてきた伝統である。多くの場合、前例を踏襲するため、急激な変化は少ないと考えられてきた。

慣習や習俗を研究する学問が「民俗学」である。日本では、柳田國男《やなぎたくにお》がその創設者である。民俗学では、対象とする慣習や習俗がいつ生まれたかはそれほど問題にせず、昔から受け継がれていることを前提にしてきた。

ところが、民俗学が対象としてきた葬式をめぐる慣習や習俗が、今、急速に変わりつつある。じつはそれは、葬式にだけ言えることではなく、冠婚葬祭のもう一つの代表である結婚式にもあてはまる。

以前の結婚式では、媒酌人《ばいしゃくにん》が必ず存在した。

媒酌人は本来、結婚の仲立ちをする人間のことを指す。今のように恋愛結婚が当たり前になる前は、見合い結婚が多く、本人が結婚相手を探すのではなく、媒酌人が相手を見つけてきて、二人の見合いの場を設けるのが一般的だった。

媒酌人は、結婚する男性と女性それぞれの性格や生まれ育ち、将来の可能性などを勘案して、もっともふさわしい組み合わせを考え、双方に打診する。

本人を含め、それぞれの家族が納得すると、見合いが実現し、二人はそこではじめて顔を合わせる。そこから結婚を前提とした付き合いをはじめるかどうか、双方の意志が確認されるが、意志の伝達も媒酌人を通して行われる。そして結婚式が行われる際には、仲人となった媒酌人が花婿と花嫁を参列者に紹介する役割を果たすこともある。ただ、結婚式の仲人は、新郎の上司など、身分のある人間に頼むことも多かった。

戦後になって都市化や民主化が進み、見合い結婚よりも、本人たちの意志が優先される恋愛結婚が増えるつれて、媒酌人が見合いを設定することは少なくなった。それでも結婚式では、職場の上司や学校時代の恩師などを媒酌人に立てる慣習は依然として続いた。

しかし、1990年代に入り、バブル経済が崩壊した後くらいから、媒酌人を立てない結婚式が急増する。

その頃、私は女子大で教えていて、卒業した教え子に呼ばれて何度か結婚式の主賓をつとめたが、そのなかに媒酌人を立てないケースがあった。その時点では、まだ先例が少なかったため、結婚する二人から、どういった形で結婚式をすればいいのか、そのやり方について相談を受けたほどだった。

その後、媒酌人を立てない結婚式の形態が急速に広がり、今では、それが当たり前になった。その間、わずか10年ほどしか経っていない。結婚式をめぐる習俗は、それほど短期間に変わったのである。

結婚式の変化と最近の葬式の変化は、深いところで連動している。後に詳しく論じるが、背景に「家」の重要性が失われてきたという事態がかかわっている。

以前は、結婚は二人の男女、個人の結びつきであると同時に、二人が育ってきた家同士の結びつきであると認識されていた。

だからこそ媒酌人は、見合いを設定する際、二人の相性を考えるより前に、それぞれの家の格式を考慮し、家同士が釣り合うかどうかを重視した。

実際の結婚式でも、新郎新婦の友人や仕事関係者だけではなく、お互いの家族や親族が招待されるのが一般的である。しかも、着席で行われる披露宴では、席は花婿側と花嫁側に2分される。それによって、結婚が家同士の結びつきであることが強調される。

家は一つの組織であり、結婚を進めるには、組織同士の利害を調整する必要がある。その側面が弱まったとき、組織と組織とを結びつける媒酌人の存在は必要ではなくなった。媒酌人の消滅は、結婚の意味が変化してきたことを象徴している。

家から個人の儀式へ

すでに述べたように、葬式が簡略化され、近親者中心に変化したのは、故人の高齢化によって故人を知る参列者が減少したことが、もっとも大きく影響している。

しかし、葬式に参列するのは、故人を直接知る人だけとは限らない。故人を知らない遺族の関係者の参列も決して珍しくはない。葬式には、故人の死を悼むとともに遺族を慰めるという役割もあるからである。

たとえば、故人の息子が喪主になった場合、息子が勤める会社の上司や同僚、取引先の関係者などが葬式に参列することも多々ある。彼らは故人を直接には知らない。だが、喪主との関係で葬式に参列する。したがって、仮に故人を知る参列者は少なくとも、全体でその人数が増えるときがある。

だが、近年では、そうした葬式は減り、故人を直接知らない人には葬式への参列を求めない傾向が強くなった。

そこにも冠婚葬祭が家の儀式から個人の儀式へと変化してきたことが示されている。家の儀式であれば、家の存在をアピールし、さまざまな形でその家への支援を求める機会ともなるが、その性格が失われれば、結婚式や葬式を盛大にする必要もないのである。

ここまで見てきた葬式をめぐる変化がはっきりと目に見える形をとるようになるのは、バブル崩壊後のことである。前章でふれた散骨、自然葬も、最初の試みが行われたのは1991年だった。

その時期、散骨・自然葬だけではなく、葬式をめぐる習俗の変化が、さまざまな形で注目されるようになっていた。

墓の無縁化と永代供養墓

「永代供養墓」なるものが登場し注目されたのもこの時代である。

一般に墓は、ほとんどが家の墓である。昔は火葬ではなく土葬が一般的だったために、個人単位で葬るしかなかった。土葬は、遺体を棺桶に入れて、それを土に埋めるが、時間の経過とともに棺桶や遺体が腐食し土地の陥没が起こる。そうである以上、土葬した上に石の墓を建てるわけにはいかない。家単位の墓が広く普及するのは、戦後、火葬が一般化してからのことである。

家の墓は、墓石の下に「カロート（納骨棺）」と呼ばれる空洞部分が作られ、そこに骨壺に納めた遺骨が安置される。カロートは、一定の広さを持ち、いくつかの骨壺を収めることができる。

墓は、寺の境内地にあったり、公営、民営の霊園にあったりする。一般に「墓地を買う」という言い方をするが、実際には、墓地を買うことはできない。

もし墓地が買えるなら、個々の墓地は個人の私有地となり、所有者がそれをどのように使おうと自由になる。そうなると極端な話、そこに小屋を建て居住する者があらわれる可能性がある。もちろんふつうの墓地は住むほどには広くないが、物置にするなどといったことは十分に考えられる。

そうなれば墓地全体の維持が難しくなる。したがって墓地は販売せず、使用料をとって貸し出すかたちとなる。ただ貸出期間が長期にわたって設定されていて、「掃除料」などの名目で使用者が金を支払い続けるかぎり、そこを自分の家の墓として長期にわたって占有できる。

逆に、掃除料が滞り、さらには参拝し管理する人間がいなくなれば、その墓は「無縁化」する。その点で、一般の墓は祭祀を継続する後継者の存在を前提とする。つまり家に跡継ぎがいなければ墓は守り続けられないのである。

そこが墓の特殊なところで、墓には、それを守る子孫が必要になる。ところが、どの家にも跡継ぎが生まれるわけではない。たとえ子どもがいても、女の子ばかりだと他家に嫁いでしまい、墓が無縁化する可能性が出てくる。

永代供養墓は、核家族化が進み、跡継ぎのない家が増えたことで生まれた供養の形態である。墓を求める際に、永代供養料として一定の金額を支払うことで、たとえ墓守となる跡継ぎがいなくても、寺が命日に読経するなど供養を続けてくれるのである。

永代供養墓にもさまざまな形態があり、個人墓や納骨堂形式のもの、あるいは合同墓もある。「弔い上げ」とされる三十三回忌までは個人単位で供養するものの、その後は合祀するところもある。

永代供養墓が登場し普及した背景にも、家のあり方の変化がある。昔なら、商家でも農家でも、家が生産や経済活動の単位になっていて、家の継続が不可欠であった。だが、サラリーマン化が進むことで、その必要性が薄れた。養子をとったり、婚外子《こんがいし》を作ってまで家を存続させる必要がなくなったことで、代々にわたって家が残らなくなり、それにともなって後継者の存在を前提としない供養の方法が求められるようになったのである。

創価学会の友人葬

創価学会における「友人葬」の実践も、やはりこの時期からのことである。そこにも家をめぐる事情の変化がかかわっている。

創価学会は戦前の1930（昭和5）年に「創価教育学会」としてその歩みをはじめ、戦後、創価学会と改称されてから爆発的な伸びを示した。

とくに高度経済成長時代に、産業構造の転換にともなって、大都市部で大量の労働力が必要になったことで、地方から大都市への人口の移動が起こり、大都市に出てきたばかりの人間たちを取り込んで急成長をとげていく。これは創価学会にかぎらず他の新宗教団体全体に共通して言えることだが、創価学会には、他の教団にはない特徴があった。

それは、創立以来、創価学会が日蓮正宗《にちれんしょうしゅう》という日蓮宗の一派と密接な関係をもってきたことだ。創価学会の会員は、自動的に日蓮正宗の各寺院の檀家となった。そして、葬式をはじめ、各種の法事や結婚式、地鎮祭などについて日蓮正宗の僧侶に儀式の執行を依頼するようになった。

創価学会は、他の宗教や宗派の信仰を認めない立場を強調してきたが、それも日蓮正宗あってのことだ。自前であらゆる儀式を営めるため、他の宗教や宗派に対して攻撃的な姿勢を示せたのである。

ところが、創価学会の会員による献金の多くが日蓮正宗の本山や寺院に流れる仕組みができ上がり、創価学会本体に流れなかったこともあって、この二つの宗教団体のあいだには、確執と対立が起こり、1990年代に入ると両者は決別の道を歩む。

ただそうなると、創価学会は、葬式などの儀式をどう営むかという課題を抱えるようになった。とくに問題だったのは葬式で、僧侶を呼ばず、したがって戒名を授からない形式をどのように確立していくかが模索された。

その答えが、同じ信仰をもつ会員が、彼らの信奉する法華経《ほけきよう》を読経し「南無妙法蓮華経《なむみようほうれんげきよう》」の題目を唱える「友人葬」の形式だった。当初は「同志葬」などとも呼ばれたが、その後、友人葬の呼び名が定着した。

創価学会の会員は、日蓮正宗との関係が密接であった時代、この宗派の寺の檀家になっていたわけだが、それは、通常の檀家とは意味合いが異なった。一般に檀家になる場合には、その寺の墓地に墓を設けるが、創価学会の会員の大半はそうではなかった。

創価学会の会員は、地方から大都市に出てきた時点で、故郷の家の宗旨から離れ、先祖の位《い》牌《はい》や遺骨をもってこなかったため、墓も仏壇ももっていなかった。創価学会は、そうした会員に、日蓮正宗式の仏壇を祀《まつ》らせることに力を入れたが、その仏壇には、先祖の位牌ではなく、日蓮が記した「南妙法蓮華経」の曼陀羅《まんだら》本尊の書写が掲げられた。

日蓮正宗との決別が比較的スムーズだったのは、寺に墓地がなかったからで、葬式さえ友人葬で営めれば、問題は起こらない。しかも、仏壇の主役は曼陀羅本尊で、先祖の位牌ではない。日本人の伝統的な信仰は祖先崇拝だが、創価学会はそうした信仰にさほど関心を抱いていない。

こうした創価学会の会員のあり方は、同じく高度経済成長の時代に、地方から大都市に出てきたものの、創価学会の会員にはならなかった人間にも共通する。どちらも故郷を出た時点で、故郷の実家での信仰、祖先崇拝の信仰から切り離されていた。

故郷の実家では、その家の宗派がどこであるかを問わず、祖先崇拝が核になっており、その信仰を維持するには、家の存続が前提となった。

大都市に出てきた人間は、そうした祖先崇拝の信仰から切り離され、多くは無宗教の状態におかれた。家のなかには仏壇も神棚も祀らず、新たにその家に死者が出るまでその状態が続いたのである。

そして、死者が出ても、必ずしも特定の菩提寺と壇家関係を結ばなかった。公営や民営の霊園などに墓地を求めたのであれば、葬式に特定の宗派の僧侶を呼ぶ必要もない。葬儀社の紹介で、導師として僧侶を呼んでも、それは一回限りの関係で、読経してもらい戒名を授かるだけなのである。

創価学会の友人葬は、自分たちの信仰にしたがって、しかも、同じ信仰をもつ人間が導師をつとめてくれるのだから、大都市における葬式として新たなスタイルを確立したとも言える。友人葬を扱っていることを宣伝する葬祭業者もある。

樹木葬・宇宙葬・手元供養

創価学会の友人葬は、大都市における葬式の先駆的な形態なのかもしれない。ただ、一般の家庭では日頃、読経や題目をあげる習慣がないため、自前で仏教式の葬式をあげることはできない。

そのとき選択肢として浮上するのが最近徐々に増えつつある無宗教式の葬式である。特定の寺と壇家関係を結んでいなければ、僧侶を呼ぶ必要もないわけで、戒名料や布施に意義を見出せない人たちが無宗教式を選択している。

どのような形式を選択するにしても、最後は、火葬した遺骨をどこに埋葬するのかが問題になり、そこに墓の選択といった事柄が生じてくる。

その点で、最近では、従来の形式の墓を建てないという選択肢も生まれている。散骨もその一つだが、他に「樹木葬」や「宇宙葬」「手元供養」といったやり方をとる場合も出てきている。

樹木葬では、墓石を建てる代わりに植樹し、その下に遺骨を埋葬する。一般の墓地は、霊園として開発され墓石が林立することで自然を損なうことになるが、樹木葬なら、霊園は樹木に覆われる。その点では近年のエコ志向に合致している。

宇宙葬は、カプセルに入れた遺骨を人工衛星に乗せて宇宙に打ち上げるものである。なかには月に送られた例もある。対象が海や山から宇宙に変わっただけで、散骨の一種としてとらえることもできる。

手元供養は「自宅供養」とも呼ばれ、遺骨を墓に埋葬せず、手近なところに置いて供養するものである。遺骨は、納骨容器やペンダントにおさめるのが一般的だが、プレートや人工のダイヤモンドなどに加工することもある。

ペンダントやダイヤモンドなら、普段から身につけていることも可能で、故人に対して強い思いを抱き、亡くなってもずっと寄り添っていたいと願う人々には歓迎されている。

宇宙葬ですら100万円しかかからない

重要なのは、新しい葬式のやり方をとった場合、費用がそれほどかからない点である。直葬の費用は多くても30万円ほどで、僧侶に読経を頼んでも50万円以内でできる。もっとも簡素な形式を選んで、近親者だけが集い、会食もしなければ10万円程度で済む。

これは現在の平均の葬儀費用231万円に比べて格段に安い。少額でできるということは、これまでの葬式がいかに贅沢であったかを示している。

家族葬も、会葬者を呼ぶ場合よりはるかに安く済む。会葬者がいないのだから、香典返しの面倒もなければ、形だけの飲食の提供も必要ない。

散骨や樹木葬なら墓に金はかからない。葬儀費用の平均２３１万円に墓の費用は含まれない。人を葬る上で、節約しようと思えばいくらでもその余地がある。

宇宙葬の費用は１００万円である。決して安くはない。ロケットを使って宇宙に打ち上げるのだから、かなりの大事である。それでも一般の葬儀費用と比較するなら、はるかに安い。１００万円で葬式を出すとすると、今の標準からすれば、かなり質素なものになる。それからすると、宇宙葬でさえ決して贅沢とは言えないのである。

要するに、私たちの生活が変わり、それにつれて死に方も大きく変わりつつあるのだ。

仮に、２０１０年に80歳で亡くなる人のことを考えてみよう。その人物は１９３０（昭和５）年の生まれということになる。

戦争に負けた年、１９４５年にはまだ15歳で、故郷にいたはずだ。それが、成人する頃には戦後の復興にもめどがつき、やがては高度経済成長の時代がはじまる。

その人間も、その波に乗って東京などに出てきて、豊かな生活を求めて懸命に働いた。そして、結婚し、子どももうけ、一家をかまえた。

都会に出てくるときに、故郷の祖先崇拝の世界からは離れてしまったため、都会の家には仏壇もなければ、神棚もない。当然、墓もない。最初は、亡くなったときに、故郷の実家の墓に葬られたいと考えていたかもしれないが、長い都会暮らしでその思いも薄れた。遠い故郷に墓があると、子どもや孫が墓参りにも来てくれなくなるので、墓は都会にあったほうがいい。

最近都会で亡くなるのは、そうした人たちである。彼らにとって、すでに故郷の葬式のやり方は自分たちの生活に合わないものになっている。ならばすべて都会式でも構わない。葬式の新しいやり方が急速に広まっているのも、50年以上前に都会に出てきて、そのままそこに定着した人々がちょうど死を迎える時期になってきたからなのだ。

第3章 日本人の葬式はなぜ贅沢になったのか

古墳壁画や埴輪から古代の葬式を想像する

今、日本人の葬式の形態や弔い方が大きく変容している。それが、社会の大きな変化によるものだとすれば、その意味は小さくない。日本人の精神生活、こころのありよう自体が、これまでとは違った方向に行こうとしている。

では、これまで私たち日本人は、死者をどのように弔い、葬ってきたのだろうか。今の変化が最終的にどこに落ち着くかを考える上で、歴史を振り返ることは必要である。そこには日本人と死とのかかわり方が示されている。そこからは、贅沢な葬式が営まれるに至ったルーツが見出されるはずである。

古代の葬式がどんな形で営まれたか、それを確かめることが難しい点についてはすでにふれた。文献史料が存在しない時代について、残された考古学的な史料からだけでは推測が難しい。埴輪が古墳の周囲に並んだ光景を頭に描いても、それが「結界」以上の意味をもっていたのかどうか、具体的な葬式の姿は見えてこない。

ただ埴輪や装飾古墳の壁画を見ると、二つの点が注目される。

まず、埴輪や装飾古墳の壁画には、当時の人や家、飼っていた馬などの姿が描かれている。それらは、どれも実際に存在したものを写したものであり、表現の技術は拙《つたな》いものの写実的である。ほかに、壁画には、さまざまな模様が刻まれているが、抽象的で、そこにどういった意味がこめられているかはわからない。少なくとも、死者の霊のようなものは描かれていないし、死者を裁いたり、救う存在も描かれていない。

それよりも少し時代を下った高松塚古墳やキトラ古墳では、当時、権力者に仕えた男性や女性あるいは権力者そのものの姿が描かれる。さらには中国から伝わった神話的な獣である四神《しじん》＝青竜《せいりゅう》、朱雀《すざく》、白虎《びゃっこ》、玄武《げんぶ》の姿があったりする。

四神は、一つずつ東西南北の壁に描かれており、それぞれ方角を示す。それは想像上の獣であるものの、死者が旅立った異界に存在するものと考えられたようにも思えない。四つの方角を司る守護神だったかもしれないが、決して死者を冥界《めいかい》に送るとか、ましてや死者を裁くといった役割が与えられていた形跡はない。

古代の人々は、死者の赴く世界をどうとらえていたのか。埴輪や古墳の壁画を見ていると、それが現世と連続するものとして想定された可能性が高く、現世とまったく異なる世界とは考えられていなかったように思われる。

おそらく古代の人々は、死者の赴く世界について必ずしも明確なビジョンをもたなかったのではないか。私たちは、死者の赴く世界と聞くと、すぐに天国や極楽あるいは地獄のことを思い浮かべるが、古墳からはそうした異界の痕跡は発見できないのである。

見出せない仏教の影響

もう一つ言えるのは、古墳からは仏教に関連するものが少しも見出せないことである。

埴輪は弥生時代のもので、その時代には仏教は正式に伝わっていなかった。私的に伝えられていた可能性はあるものの、まだ仏教が日本の社会に浸透するまでには至っていない。その点では、埴輪が仏教の世界と関連しないのも当然だ。

装飾古墳の時代になると、仏教の公式な伝来と時期は重なる。それでも、まだ日本の社会には本格的な形で仏教が取り入れられてはいなかった。

ただ高松塚古墳の時代になると、すでに仏教は広がりを見せている。にもかかわらず高松塚古墳に仏教の影響を見出すことはできない。それはキトラ古墳の場合も同様である。

仏教が日本社会に浸透しても、古墳にはその信仰が影響を与えていない。これは、仏教が当初の段階では、死の世界と結びつきをもたなかったことを意味する。それは当時の仏教寺院における死の扱い方とも関係する。

朝鮮半島経由で日本に伝わった仏教は、当時の日本の権力者、さらには日本人そのものを魅了した。もたらされた仏教関係の文物の背後にある洗練された高度な文化の存在に、日本人は強い憧れをもった。当初、土着の神道の信仰をとるのか、仏教をとるのかで論争があり、それが豪族同士の対立にまで発展したと伝えられる。仏教の与えた衝撃はそれだけ大きかった。

日本人は、高度な文明としての仏教を懸命に受け入れた。都には次々と寺院が建てられ、中国に渡った者が経典を持ち帰り、仏像を作る技術を伝えた。中国や朝鮮半島からの渡来人も、仏教を日本に伝え、根づかせる上で極めて重要な役割を果たした。

しかし当時の仏教は、私たちが現在知っている仏教とは性格を異《こと》にしていた。

今日の仏教は「葬式仏教」と言われるように、死者を葬ることを第一の使命にするが、飛鳥時代から奈良時代にかけての仏教は、高度な学問の体系として受容され、葬式仏教の側面はまったくもたなかった。

その証拠に今日、奈良に現存する飛鳥時代から奈良時代に創建された仏教寺院は法隆寺、薬師寺をはじめとして、どれも墓地をもたず檀家がいない。当時の寺は、あくまで仏教の教えを学ぶための場であり、葬送儀礼は営まなかった。

今日でも、そうした奈良の古い寺院で住職が亡くなると、それぞれの寺で葬式が営まれることはない。葬式は別の宗派の僧侶が担当する。その意味で、当初の仏教は、葬式仏教とは完全に無縁だったのである。

現代の人間が、とくに奈良の古寺にひかれるのも、そこから葬式仏教の臭いがしてこないせいかもしれない。私たちは、純粋な仏教の姿を、そうした古寺に見出しているのだ。

もし仏教がなかったら

日本の宗教にとって、あるいは日本の文化全体にとって、仏教の受容は極めて大きな意味をもった。

仮に仏教が伝えられなかったとしたら、日本の宗教は神道だけの状態が続いたはずだ。神道と仏教とは、さまざまな面で対照的な性格をもつが、決定的なのは、神道では、信仰の対象とする神を姿形に表現しないのに対して、仏教では逆に積極的に表現してきたことである。

一時期、神道でも、仏像にならって、「神像《しんぞう》」が作られた時期があった。9世紀以降の時代においてである。興味深いことに、神も人間と同様に仏道修行による解脱を求めているとされ、僧侶の姿で描かれた。それが、「僧形八幡」といった神像である。

しかし、それも時期が限定され、神像を作る試みは神道の世界全体には広まらなかった。神像の種類は限られ、神像のある神社も限られている。また神の姿が絵に描かれることもなかった。明治時代には、そうした試みもあったが、それはあくまで歴史上の出来事として神の活躍を描いたもので、そうした絵は「歴史画」というジャンルに含まれた（日本の宗教美術の歩みについては、拙著『日本宗教美術史』芸術新聞社を参照）。

仏教が伝来しなければ、現在、無数に存在する仏像は作られなかった。仏画も曼陀羅も各種の仏具も制作されなかった。

そうなれば、日本に華麗な仏教美術の花が咲くこともなく、今私たちが好んで訪れる奈良や京都は、現在とはまったく異なるものになっていたはずだ。

仏教の存在しない奈良や京都に、果たしてどれだけの魅力があるだろうか。その点で、仏教との出会いとその摂取は、日本文化の根幹を作り上げることに貢献した。

葬式についても同じだ。もし仏教が日本に伝わらず、やがて仏教が人を葬ることにおいて中心的な役割を果たすようにならなかったなら、それは神道に任されていたことだろう。

現在は神道も仏教の影響を受けて「神葬祭」という神道式の葬式を編み出している。神葬祭は、仏教式の葬式に比べればかなり質素で、費用も多くはかからない。

ところが、仏教式の葬式を派手にすることはいくらでも可能である。大きな祭壇を設け、さまざまな飾りつけをし、導師として何人もの僧侶を呼べば、相当に派手になる。日本人の葬式が贅沢になったのも、仏教が葬式を担うようになったからである。

日本仏教を席捲した密教

では、もともとは死の領域と結びつきをもたず、葬式を担わなかった仏教は、いかにして葬式仏教への道を歩んだのか。

日本仏教の歴史において、一つ注目すべきことがある。それは中国の影響である。日本は最初、朝鮮半島から仏教を取り入れたが、それ以降も、朝鮮半島に仏教を伝えた中国から直接、新しい仏教の潮流を摂取するようになる。

したがって中国で隆盛を誇った仏教のスタイルが日本に直接取り入れられるという事態が続いた。古代から中世にかけての日本人は、中国から最新の仏教を取り入れることに極めて熱心で、そのため多くの僧侶が中国に渡った。そして、中国で流行した仏教を順次日本に輸入した。日本が明治時代になって近代化をめざしたときから西欧の学問を輸入し、輸入学問が流行したが、すでにその傾向は仏教を輸入した奈良時代にはじまる。

当初、日本人が中国から取り入れたのは、学問の性格が強い仏教である。それが、いわゆる「奈良仏教」で、奈良時代、都に建てられた各寺院では、仏教理論の研鑽が行われた。それが「南都六宗《なんとろくしゅう》」で、その六つの宗派は、独自な教団というよりも、学問上の流派の性格が強かった。

次に輸入されたのが密教である。密教は、修行や儀礼を通して僧侶が神秘的な力を身につけ、それを用いて国家の安泰を願い、疫病や天変地異などの災厄を取り除き、祟《たた》りを抑え、個人の病を癒すことを目的とした。密教は、そうした意味で、現世利益をもたらす力をもつ。そのため日本人は密教に飛びつきそれを大いに歓迎した。すぐに密教は日本の仏教界を席捲《せっけん》する。

密教では、現実の世界のほかにさまざまな世界が存在することが説かれた。曼陀羅に描かれる世界もそうだが、密教で信仰される仏は、千手観音や不動明王などどれも異形の存在で、そうした仏がいる異界の存在が前提にあった。密教の信仰を受け入れることは、現実とは別にさまざまな異界が存在するという新しい世界観を受け入れることを意味した。

葬式仏教の原点としての浄土教

密教の世界観の浸透は、次に流行する浄土教《じょうどきょう》信仰の下地を作ることに貢献した。浄土教信仰では、人が死後に生まれ変わる「浄土」の存在が強調されたが、浄土もまた現実とは異なる異界の一形態である。浄土教信仰では、何らかの罪を犯した人間が堕ちる地獄の恐ろしさが強調された。

浄土に生まれ変わるためのもっとも簡便でもっとも有効な方法が「念仏」である。「南無阿弥陀仏」を唱えることは最初、「念仏行」と呼ばれた。この段階では、密教の実践法の一つで、それをはじめて日本に伝えたのは、中国の唐に渡り10年近い日々を送った天台宗《てんだいしゅう》の僧侶、円仁《えんにん》であった。帰国後の円仁は天台宗の第3代座主となる。ここにも浄土教信仰と密教との密接な関連性を見出せる。

日本の浄土教信仰確立の上で決定的な役割を果たしたのが、恵心僧都源信《えしんそうずげんしん》であった。源信は、平安時代中期の天台宗の僧侶で、彼の師匠である慈慧大師良源《じけいだいしりょうげん》が死の病に冒されたときに、『往生要集《おうじょうようしゅう》』を著した。この書物は極楽浄土へ往生するための方法を示した、いわば「死のマニュアル」であった。

源信は『往生要集』のなかで、地獄のさまを詳細に描写し、いかにそこが恐ろしい世界かを強調した。それは、人々に地獄の恐ろしさを印象づけ、是が非でも極楽浄土へ往生したいという強い気持ちを植えつけるためだった。

さらに源信は、『往生要集』のなかの「臨終行儀《りんじゅうぎょうぎ》」という項目で、いかにして死に臨んだらいいのか、具体的な方法を記している。

その臨終行儀を実行するために作られたのが「二十五三昧会《ざんまいえ》」という結社だった。「二十五」というのは、25名の僧侶がそこに集まったからである。この結社は、いかにして極楽往生を果たすか、その準備を目的とした。

二十五三昧会では毎月15日に集い、一緒に念仏を唱えた。もし仲間が重大な病に罹《かか》ったときには「往生院」という建物を建てて、そこに病人を移し、死に行く者とともに念仏を唱えた。その死後も、死者が極楽往生するよう念仏を唱え続けることが決まりになっていた。死者は、極楽往生を果たした証拠として、仲間の夢にあらわれた。

往生院は、今で言えばホスピスだ。源信は、極楽往生のためのテキストを作り、それを実現するためのシステムを構築した。これによって、仏教は死の世界と深い結びつきをもつこととなった。

地上にあらわれた浄土

源信は、『源氏物語』に登場する「横川の僧都」のモデルだとされる。源信が開拓した死への実践は、平安貴族の世界に大きな影響を与えた。

平安貴族は、死後、地獄に堕ちることを恐れ、極楽浄土への往生を強く望んだ。その願望を具体的に表現したものが、浄土式庭園の作庭や阿弥陀堂の建立《こんりゅう》であった。なかでも、代表的なものが京都・宇治《うじ》に現存する平等院鳳凰堂《びょうどういんほうおうどう》である。

鳳凰堂の名前は、屋根に飾られた鳳凰に由来するとも、建物の形が全体として鳳凰が翼を広げているところに似ているからだとも言われるが、中心にある中堂には、後世の仏像のあり方に大きな影響を与えた仏師、定朝《じょうちょう》作の阿弥陀如来坐像が安置されている。

鳳凰堂の前に広がるのが、梵字《ぼんじ》の「阿」の字をもとにした阿字《あじ》池で、それを中心として、鳳凰堂を含めた庭園全体が浄土を模している。浄土教信仰では、阿弥陀仏のいる西方極楽浄土には宝池という池があるとされている。

この平等院鳳凰堂を建立したのは、摂政《せっしょう》として絶大な権力を誇った藤原道長《みちなが》の子の藤原頼通《よりみち》であった。この建物が建てられた平安時代末期には、仏法がすたれ、それによって世の中が乱れるとする「末法思想《まっぽうしそう》」が広まった。末法の訪れに不安を感じた平安貴族たちは、こぞって浄土式庭園や阿弥陀堂を造ることに力を入れた。この世に浄土を出現させることによって、死後の極楽往生の実現を強く願ったのである。

ほかにも、この時代の阿弥陀堂として、9体の阿弥陀仏を安置する京都の浄瑠璃寺《じょうるりじ》や、岩手・平泉中尊寺《ちゅうそんじ》の金色堂《こんじきどう》などがあげられる。どれも贅を尽くしたもので、中尊寺の金色堂は、堂宇《どうう》全体が金で覆われている。

浄土の世界を地上で形にして表現することは相当な贅沢であった。それでも平安時代の貴族は、多くの資金を投入し、おびただしい資材をそこに費やしたのである。

本来の仏教の教えは「無常」を説き、現世の栄耀栄華の追求の虚しさを思うところから出発した。仏教の開祖・釈迦は、王族の生まれだったが、生老病死にまつわる苦の存在に悩み、家を捨て、家族を捨てて出家し、修行に励んだ。そのなかで悟りを開くことになるが、その教えは、あらゆるものに対する執着を捨てることに主眼がおかれた。

しかも釈迦は、死後のことは、死んでみなければ知ることはできないとし、生前に死後について考え語ることはできないし無駄だと説いた。

易行としての念仏

釈迦の教えからすれば、死後、地獄に堕ちることを恐れたり、西方極楽浄土への往生を願って莫大な金を費やすことは、無駄で虚しい営みのはずである。

ところが現世において豊かで幸福な生活を送った貴族たちは、死後もその永続を願い、現世以上に派手で華やかな浄土の姿を夢想した。たんに夢想しただけではなく、浄土を目の前に出現させようと試みた。

ここにこそ日本人の葬式が贅沢になる根本的な原因がある。少なくとも浄土教信仰が確立されなければ、浄土に往生したいという強い気持ちは生まれなかっただろうし、死後の世界を壮麗なものとしてイメージする試みも生まれなかったに違いない。

平安時代末期になると、源氏と平家が争い、しだいに武士の世の中に移行する。戦乱あり、天変地異ありで、末法の時代の訪れはさらに強く自覚されるようになった。

そうした時代背景のもとで「鎌倉新仏教」の開祖たちが次々と登場する。その先鞭《せんべん》をつけたのが浄土宗の開祖・法然《ほうねん》であった。浄土教信仰を広める上でこの法然の果たした役割は、源信以上に大きい。

法然は、当時の僧侶がみなそうであったように比叡山で天台の教えを学んだ。天台宗は法華経信仰や密教さらには念仏信仰や禅など、あらゆる要素が混在して、総合仏教の性格をもっていた。

ところが法然は、そうした天台宗のあり方に満足できずに比叡山を下り、京都の東山吉水に住んで、念仏を広める活動を展開する。そして、念仏行がいかに正しいかを証明するために『選択本願念仏集』を書き上げる。

法然は、比叡山で学ぶような仏教では救われないとし、もっぱら念仏を唱えることで極楽浄土への往生をめざす新たな信仰を確立した。法然の教えにしたがえば、念仏以外の行はいっさい必要とされない。

それを、長期にわたって修行を重ね仏教を理論的に学ぶことができない庶民は歓迎した。念仏行は、難しい修行を必要としない「易行」であり、その点で、実践が容易だった。当時、法然の教えは瞬く間に社会に広がり、多くの信者を獲得する。途中、法然は、弟子とともに四国・讃岐《さぬき》（香川）に流罪《るざい》の憂き目に遭うが、念仏信仰の勢いは衰えなかった。

仏教を大衆化させる道を開いた親鸞

法然の教えを受け継ぎ、浄土真宗《じょうどしんしゅう》の開祖となるのが親鸞《しんらん》である。親鸞は、法然の弟子であったために越後（新潟）に流される。罪を赦《ゆる》されてからは、越後を中心に東国で活動し、晩年、京都に戻る。

親鸞は念仏行の実践とともに、救いを阿弥陀仏にゆだねる他力本願の教えを説いた。そして、その教えを、和語を用いて仏の功徳をたたえる讃歌、「和讃」に織り込んだ。たとえば、「安楽浄土をねがひつつ／他力の信をえぬひとは／仏智不思議をうたがひて／辺地《へんじ》・懈慢《けまん》にとまるなり」といった具合にである。浄土真宗の教えは北陸を中心に民衆の間に広がっていく。現在でも北陸地方は「真宗王国」と呼ばれる。

親鸞の活動によって、浄土教信仰は貴族から一般民衆のものへと変貌した。法然や親鸞が説いたのはひたすら「南無阿弥陀仏」を唱和することで、この教えにしたがいさえすれば壮麗な浄土式庭園や阿弥陀堂を造る必要などなかった。

ただし法然や親鸞は、仏教の教えを念仏行による往生に集約し、仏教と死とを強く結びつけ、それを大衆化することには貢献したが、仏教式の葬式を開拓したわけではなかった。

禅宗からはじまる仏教式の葬式

仏教式の葬式が開拓されたのは、道元《どうげん》が開いた、やはり鎌倉新仏教の曹洞宗《そうとうしゅう》においてである。道元は「只管打坐《しかんたざ》」を説き、ひたすら座禅して悟りにいたることを強調した。そして禅のための道場として越前（福井）に永平寺を開いた。永平寺の禅僧たちは、今でも厳しい禅の修行を実践している。

こうした道元や永平寺の姿から、曹洞宗が今日の仏教式の葬式を生んだことをイメージしにくいが、曹洞宗の第4祖となった瑩山紹瑾《けいざんじょうきん》は、宗派の経済基盤を確立する必要もあって、密教的な加持祈禱や祭礼を取り入れていく。

もっぱら座禅にいそしむ曹洞宗の教えは、神秘的な力の働きを強調する密教とは対極にあるもののはずである。だが密教は、あらゆる信仰の世界に浸透していくほどの強い影響力をもっていた。

たとえば、同じ鎌倉新仏教の一つ、日蓮宗の開祖となった日蓮は当初、法然の念仏宗をもっぱら批判したが、晩年には、真言宗や天台宗のなかの密教の実践を強く批判するようになる。ところが、日蓮が亡くなった後、日蓮宗でも密教を取り入れ、加持祈禱を行うようになる。真言宗の密教は「東密」、天台宗のそれは「台密」と呼ばれるが、日蓮宗の密教は「蓮密」と呼ばれている。ここにも、密教の浸透力の強さが示されている。

そして曹洞宗のなかでも、密教の影響で加持祈禱が行われるようになり、それが死者の供養にも用いられるようになる。ただし、曹洞宗のなかで仏教式の葬式が確立されていく上では、もう一つ儒教の影響があった。

禅宗はもともと中国で確立された仏教であり、中国の伝統的な宗教である儒教の影響を受けやすい立場にあった。儒教では先祖を敬う祖先崇拝が重視される。その祖先崇拝が禅宗にも取り入れられていくのである。

1103（長保5）年に中国の宋で編集された『禅苑清規』という書物には禅宗の葬式の方法が記されている。清規とは、禅宗の寺院の儀礼や行事の規則について記した書物のことを言う。

『禅苑清規』が定めた葬式の作法は、「尊宿《そんしゅく》葬儀法」と「亡僧《ぼうそう》葬儀法」に分かれる。前者が、すでに悟りを開いた僧侶のための葬式の方法であるのに対して、後者は、修行の途中で亡くなった僧侶のためのものだった。

修行の途中にあるということは、完全な僧侶であるとは言えず、その立場は在家に近い。そこで、亡僧葬儀法を在家の信者にも適用した。これによって、亡くなった在家の信者をいったん出家したことにし、出家者の証である戒名を授けるという葬式の方法が確立される。

ただ、念仏を唱えるだけであれば、特別な儀式は必要とされない。ところが、禅宗において、在家のための葬儀の方法が確立され、それが日本の社会全体に広がることによって、日本的な仏教式の葬式の基本的な形態が生まれた。こうして仏教は死の世界と密接な結びつきをもつにいたったのである。

浄土を模した祭壇

こうして葬式と仏教の結びつきは、葬式を華美で贅沢なものにするきっかけを与えた。葬式が最初から神道と結びついたのなら、それは質素なものにとどまったであろう。ところが、仏教では、死者が赴く浄土の世界を、徹底して豪華で美しいものに描き出す志向があった。その影響で、葬式が派手で贅沢なものになっていったのである。

浄土をそのまま地上に実現しようとしたのは、平安貴族である。平安貴族は、自分たちが実現した豊かで贅沢な暮らしが死後にも持ち越されることを願い、死後の世界を並外れて豊かなものに描き出していった。

葬式のとき、もっとも費用がかかるのが祭壇である。その祭壇は、浄土を模したものだと言われる。白木の祭壇に代わって、花で祭壇を作ることも多くなったが、やはりそこには死者が赴く浄土の世界のイメージが投影されている。

庶民は阿弥陀堂を建てることもできなければ、まして浄土式庭園を造ることもできない。葬式の祭壇には、せめても浄土に近づきたいと思う庶民の願望が示されているのである。

第4章 世間体が葬式を贅沢にする

仏教式だからこそ

第2章で、最近の葬式の変化について述べたとき、無宗教式の葬儀についてもふれた。葬式をあげるとき、特定の宗教や宗派の形式にこだわらず、僧侶はもちろん神主や神父、牧師の手も煩わせないのが、無宗教式だ。

この無宗教式の葬儀は、徐々に増加する気配を見せている。私も最近、そうした葬式に参列したことがある。喪主としては、普段付き合いのない僧侶を呼んで、しかも多額の布施や戒名料をとられるのは納得がいかない。私の知り合いは、そう思ったので、無宗教式を選んだと語っていた。

しかし、ほとんどの場合、無宗教式ではなく、仏教式で葬儀が営まれる。特定の寺の檀家になっていなければ、つまりは寺に墓がなければ、仏教式を選ばなければならない必然性はないのだけれど、慣習に従って仏教式で葬儀を営む人が多い。

仏教式の葬儀を行う場合、寺でそれを営むこともあるが、最近では、むしろそうしたケースは少なくなってきた。自宅が広ければ、自宅でもできるが、それだけのスペースのある家は今どき珍しい。多くは専門の葬祭場で営まれる。仏教寺院のなかには、境内に本堂などとは別に葬儀のための場所を確保しているところもある。

寺の本堂で葬式をするとき、その内陣には本尊となる仏像が祀られ、多くは大きな厨子《ずし》のなかに納められている。内陣はさまざまな形で荘厳《しょうごん》され、金がふんだんに使われるなど、豪華な雰囲気を醸し出している。それも、それぞれの宗派がよって立つ仏典（お経）に記された仏の住まう世界、浄土を再現するためだ。

寺の住職はその前で読経し、法要を営む。住職はまた、その宗派のなかでの位に応じて、定められた袈裟《けさ》を身にまとう。袈裟は本来、ボロ切れを集めて作られたものだったが、今では相当に華美なものになり、金襴《きんらん》の紋様や縫い取りが施されている。そうした豪華な道具立てがあってこそ、死者は無事極楽浄土へ往生できると考えられてきた。

最近では少なくなったが、以前は、遺体を葬儀場から火葬場へ移動する際に、宗教的な装飾を施した「宮型霊柩車」が用いられるのが一般的だった。さらにその前は、葬式を行う寺から遺体を埋葬する墓地まで葬列を組んで遺体を運ぶ慣習があり、霊柩車での搬送にはその名残が見られる。死者を手厚く葬るには、葬列を豪華なものにする必要があるという感覚があり、それが宮型霊柩車に結びついたのだ。

前の章の最後で、浄土を模した祭壇の豪華さについてふれたが、仏教式で葬儀をあげれば、どうしても華美なものになる。浄土教信仰を背景に、死者を無事極楽浄土に送るには、豪華な道具立てが必要だという感覚があり、それにもとづいて一つのスタイルが築かれているからだ。

神道式の神葬祭が普及しないのも、それが仏教式に比べて、あまりに簡素に見えるからかもしれない。創価学会の友人葬も、金がかからないのはいいが、どこかもの足りないという声は、会員のなかからも上がっている。

細部へのこだわりが

ここに、生涯を仕事に賭けた男がいたとする。彼は事業を起こしそれを成功に導いた。その陰には普通の人間にはできない激しい労働があり、苦闘があった。何度も危機が訪れ、どん底に突き落とされたこともあった。事業全体が無に帰す寸前まで行ったこともあった。

だが、彼はあきらめず、事業は成功した。多額の報酬を得たばかりか、多くの人間を養ってきた。その仕事や事業は社会的に評価されるまでになり、メディアでも注目を集めた。

しかし人間は、どんな困難に打ち勝った成功者でも、いつかは死ぬ。彼が死を迎えたとき、残された者たちは、その生涯にふさわしい葬式をあげたいと考える。広々とした会場に立派な祭壇をしつらえ、多くの僧侶に読経してもらい、会葬者にその偉業を偲んでもらいたいと考える。葬式が人生最後の花道になるわけである。

逆に、あまりにも質素な葬式では、故人の業績を否定し、その価値を貶《おとし》めるものに思えてくる。葬式は、故人の人生を直接に反映する。成功者にはそれにふさわしい葬式が不可欠だという思いが、成功者の葬式をひどく贅沢なものに仕立て上げていく。

それは現代の日本に限らず、世界の歴史を振り返ってみれば、人類全体に共通する傾向でもある。古代の権力者の墓は法外な規模を持つ。エジプトのピラミッドや、兵馬俑《へいばよう》を伴った中国の秦《しん》の始皇帝陵《しこうていりょう》が、その代表である。そこには、おびただしい財力と人力が投入された。日本の古墳も同様である。

ただ日本では、王や皇帝といった最高権力者でなくても、葬式やその葬り方がひどく贅沢になる傾向がある。

アメリカやヨーロッパの映画を見ていると葬式のシーンが出てくる。日本に比べれば、それはずっと質素である。少なくとも立派な祭壇は出てこない。故人がキリスト教徒なら、教会で礼拝を行い、墓地に埋葬して、それで葬式は終わる。

アメリカでは、火葬せずに遺体をまるで生きているかのように見せる「エンバーミング（日本の死化粧に近いが、血液を抜き防腐剤を注入して遺体をそのままに保つ化学処理が施される)」が行われる。この背景には死後の復活の信仰があり、たんなる見せかけの贅沢とは言えない。信仰の厚いアメリカ人は、火葬すると肉体がなくなり復活ができないと考えるからである。

エンバーミングを施した死体は、男性なら、スーツを着せられる。女性ならドレスだ。そのスーツやドレスの背中には、生地がなかったりする。見えないところに金をかけても仕方がないというわけだ。

この感覚は日本にはない。むしろ、目に見えないところにこそ金をかける。そうした日本人のこだわりが、庶民をも贅沢にさせる原因にもなっている。さらに、葬式を贅沢なものにする上で、それ以上に重要な働きをしているのが「世間体」にほかならない。

世間体が悪いという感覚

日本の社会における「世間」の重要性に着目したのが、西洋史の阿部謹也である。

阿部は、『「世間」とは何か』(講談社現代新書)といった本を書き、日本に特有で、「社会」とは異なる世間というものに注目しなければ、日本の社会構造や文化を解明できないと主張し、論議を巻き起こした。

たしかに、世間ということばは、外国語には翻訳がしにくい。世間はたんに人の集まりを意味するだけではなく、その世間に属する人たちのこころのなかにある社会的な規範をも意味する。その面をとくに強調したのが、世間体ということばの使い方だ。

「世間体が悪い」という言い方があり、それは、自分の行動が世の中からどのように見られているのかということと深く関係する。世間体が悪い行為は、恥ずかしいものと考えられ、日本人は絶えず世間体を気にしている。そうした意識がもっともよくあらわれるのが、葬式である。

世間体の背後には世間があり、それは、その人間が生活を送る狭い範囲での人間関係を指している。それは、国や社会といった広い範囲での人間関係とは区別されるが、日常的により重要なのは世間のほうである。

葬式では、この世間や世間体ということが顔を出す場面が多い。たとえば、布施や香典の「相場」というものに、それがあらわれている。

布施や香典は、あくまでそれを行う側の気持ちによるとされてはいるものの、もっとも重視されるのは、自分がいくら出したいか、あるいは出せるかではなく、他人がいったいいくら出しているかである。

他人に比べてその額が少なすぎれば、世間体が悪くなる。逆に、多すぎても、それは自分を世間の評価よりも高く見せようとする「分不相応」な振る舞いとして受け取られる可能性がある。それも、世間体はよくないのである。

こうした世間や世間体の感覚が日本人のなかに育まれる上で重要な、あるいは決定的な働きをしたのが、村落共同体の成立である。いくら平安貴族に発する浄土教信仰が後世に影響を与えたとしても、村落共同体が形成されなければ、葬式で見栄をはり、世間体をよくしたいという思いを生むことはなかったであろう。

今日にまで受け継がれてきた「葬式仏教」のスタイルは、そうした村落共同体のなかで築き上げられてきたものなのである。

村社会の成立と祖先崇拝

今でも、日本社会の特徴を指摘する際に、「村社会」ということばが使われる。村社会とは、内部でかたまって、ときに排他的な傾向を示す閉鎖的で規模の小さな社会のことである。

では、いったいこの村という社会は、いつ生まれたのだろうか。古代においても、人々が集まって生活する集落の遺跡などが発掘されている。だが、緊密な人間関係が結ばれる場としての村社会の誕生は、一般には、中世になってからだと考えられている。

中世における村は、「惣村《そうそん》」と呼ばれる。惣村は、外敵から自分たちを守るために住居を耕作地から離して一箇所にまとめ、自衛したり、水利や道路の整備など共同でそれにあたる体制を確立したもので、高い自治能力を誇った。

しかし近世へ移行する中で、「天下統一」と評された社会の統合が推進され、中央の権力は、惣村の自治能力を弱めるために、「刀狩り」と呼ばれる武装解除を実施した。さらには「検地」を行って税を払わせるようにし、村を体制のなかに組み込んでいった。こうして惣村に代わって、近世的な村落共同体が誕生する。

近世の村落共同体は、稲作を大幅に取り入れ、新田開発を推し進めることで生産力を上げ、それにともなって共同体の結束を強化した。稲作には労働や水利の管理などの面で共同での労働が不可欠で、村の人々は集団として結束力を強める必要に迫られた。

それは信仰のあり方にも影響を与えた。近代社会に入るまでは「神仏習合」が基本で、仏教と神道とは、それぞれの村のなかで役割分担をしながら並存していた。仏教の方は、葬式仏教として村人の葬式や法事・供養を担当し、一方神道の方は、氏神祭祀《うじがみさいし》を営んで村を統合する役割を果たした。そのため村には、菩提寺としての仏教寺院と、氏神としての神社とが併設される体制が築かれていく。

とくに江戸時代に入って、「寺請《てらうけ》制度」が導入されたことは大きな意味をもった。すべての村人は、キリシタンや日蓮宗の不受不施《ふじゅふせ》派《は》など、当時は危険視され禁教とされた宗教集団の信者でない証に、村内にある寺の檀家になることを強制された。各寺院は行政組織の末端に位置づけられ、いわば役所の戸籍係の役割を果たすようになる。それによって、村人は必ずや仏教式の葬式をしなければならなくなり、戒名も授けられた。これを契機に、仏教式の葬式が庶民の間に浸透する。

これは権力による信仰の強制であるわけだが、村人の側にもそうした信仰を受け入れる必然性があった。

それぞれの村人は、必ずどこかの家に所属していた。家自体が共同体の性格をもち、家単位で水田を所有するとともに、家族全体が共同で耕作にあたった。家は生産の拠点であるだけではなく、後継者を確保する場であり、個人の生存は家によって支えられた。そうして家を創設した初代を中心とする先祖を供養する必要が生まれ、家の信仰として祖先崇拝が確立された。

近世には、村全体は氏神によってまとまり、村を構成するそれぞれの家は祖先、祖霊によってまとまるという信仰体制が築き上げられた。寺請制度が受容されていくのも、それが祖先崇拝の信仰にうまく適合したからである。

柳田國男の祖霊信仰

しかも氏神と祖霊とは密接不可分の関係をもっていた。

これは柳田國男が戦後すぐに刊行した『先祖の話』で開陳した説だが、じつは村の氏神は祖霊と考えることができるのである。

柳田が『先祖の話』で解明を試みたのは、死者のことを「ホトケ」と呼ぶ慣習が、どのようにして成立したかという問題であった。

ホトケは、仏教の「仏」に由来するというのが一般的なとらえ方で、それは間違いのないことだと思われるが、外国の思想の影響、とくに仏教の影響を排除して日本の伝統的な信仰の成立を説明しようとする国学の流れのなかに身をおく柳田は、ホトケが仏教の仏に由来するという解釈をとらず、別の説明を試みた。

その点は本書の議論とは直接に関連しないので、その内容についての説明ははぶくが、重要なのは、柳田が、祖先崇拝を日本人の信仰生活の核心にあるものと位置づけた点である。

柳田は、祖先を祀る行事として盆と正月の二つをあげる。盆が祖先崇拝の行事であることは一般にも広く理解されているが、正月と祖先崇拝との結びつきは必ずしも十分には認識されていない。

ところが柳田は盆と正月の行事の共通点を指摘し、その上で、正月にそれぞれの家を訪れると考えられている「年神」が、実は祖霊だという説を唱える。盆には盆棚を設け、正月には正月棚を設けるが、その対象はともに祖霊だというのである。

仏教は、死者が赴く西方極楽浄土を、はるか彼方にあるものと想定している。それに対して柳田は、日本人は、自分たちの家の先祖である祖霊が、浄土のような遠方の世界に行ってしまうのではなく、子孫の身近にとどまって、その生活を見守っていくのだと考えた。

日本全国には、近くの山にいる「山の神」が、春には里に下って「田の神」になり、秋に収穫が終わるとふたたび山に戻って、山の神になるという信仰がある。山の神と田の神は同一の存在であり、さらに家の近くにとどまる祖霊と同じだというのが柳田の解釈であった。

柳田説では、村で祀られる神々はそれぞれ名称が違い、異なる役割を果たすように見えるものの、けっきょくはみな同一の神で、その根本は祖霊だということになる。日本人の信仰の核心には、祖霊に対する信仰、祖先崇拝があり、それは仏教の影響で生まれたものではなく、日本固有の伝統的なものだというのが柳田の主張であった。

この柳田説は、村の信仰を体系的に説明するものであるために、その後、日本の社会に広く受け入れられていく。柳田が仏教の影響をことさら排除した点については当然、異論もあり、無理な解釈の印象も強いが、ほかに日本人の信仰を体系的に説明する有力な民俗学の理論が存在しないこともあって、その影響力は大きい。柳田は、日本人の、とくに村落共同体に生きる人々の信仰の核心に祖先崇拝を位置づける独自の「神学」を生み出したとも言えるのである。

山村の新盆と「みしらず」

今から30年ほど前、私は山梨県内のある村を調査した。そこは盆や正月の行事が盛んで、そうした行事を中心に村の結束がはかられていた。まさに柳田説の生きた証明であった。

都会でも、盆や正月は営まれるものの、それはあくまで各家個別の行事であって、共同体を統合する機能は果たさない。調査した村の盆や正月は、それぞれの家が他の家と密接な関係をもつことを確認するための機会になっていた。

たとえば、その家に死者が出て最初に迎える「新盆」には、その家におびただしい数の人が訪れる。それが村長の家なら、村の人口が1000人をわずかに超えるものであるにもかかわらず、2000人から3000人もの人が訪れるのである。

この村では、とくにこの新盆が重視され、だからこそそれだけの人間が集まるのだが、要するに、一人の人間を葬るのは、たんに個々の家の問題でなく、村全体、さらには周辺の村々にもかかわる問題なのである。

その村は山村で、畑作は行われていたが稲作は行われていなかった。そばやコンニャクが栽培され、村の名物になっていた。畑作は共同での労働が少なく、その点、稲作農村に比べて、共同体の結びつきは弱いはずだが、それでも山のなかの孤立した場所に村落があるために地域の人間関係は緊密であった。

地域に展開される村落共同体は、企業などの組織とは異なり、そこに属するメンバーの上下関係が明確に定まってはいない。上司と部下のような関係が、メンバーのあいだで結ばれているわけではない。

だが、村のなかには豊かな家もあればそうでない家もある。いつからその村に住みついているか居住年数の違いもある。村での歴史が長く、土地を多く所有するなど経済力を備えた家は、村のなかで重要な役割を果たす。この村では、そうした家は「親分」と呼ばれ、それに「子分」の家が従うという形式がとられていた。ある子分の家に死者が出て葬式を営むときには、親分がそれを取りしきるのである。

親分子分の関係と聞くと、親分が威張っていて、子分はその命令に従って黙って行動するイメージをもたれるかもしれない。あるいは周囲の住民に対して親分が強い影響力を行使するものと見なされるかもしれない。

しかしその村では、親分は、施主の意向を踏まえ、葬式を手伝う地域の人たちに対して丁重にそれを伝え、承諾を得る役割を果たさねばならなかった。親分のほうが、むしろ下手に出なければならないのである。

しかし、親分の家から葬式が出るといった場合には、その家の格式にふさわしい葬式をあげなければならなくなってくる。村のなかでは暗黙のうちに家の格というものが定まっていて、家の格に応じて、どの程度の規模の葬式を出すのか、あるいは、どういったランクの戒名を授かるかが決まるようになっているのである。

家の格を無視し、それにふさわしくない振る舞いに及べば、地域の人々から批判を受ける。その村では、家の格を無視した振る舞いを「みしらず」と呼んでいた。みしらずな振る舞いに及ぶことは村のタブーなのである。

村のなかでの家の格と戒名

この村において、普段の生活では陰に隠れた形になっている家の格が、もっとも明確に表に出てくるのが戒名を通してである。

村では戒名は4種類に分かれていた。一番ランクの高い戒名が院号居士で「○○院△△□□居士」の形をとる。その下が院号のつかないただの居士で「△△□□居士」となり、さらにその下が「信士」で、一番下が「禅定門《ぜんじょうもん》」である。

これは男性の場合で、女性だと、上から順に院号大姉《いんごうだいし》、大姉《だいし》、信女《しんにょ》、禅定尼《ぜんじょうに》となる。

この戒名に示される家の格は、葬式にも及んでいき、呼べる僧侶の数や、死者を葬るための棺桶の種類も変わってくる。家の格が高ければ装具が多い。この村は当時まだ土葬で、死者を埋葬した場所にはとりあえず木の墓標を建てることになっていたが、院号居士でなければ、大きな木の墓標を建てられないルールがあった。

自宅での葬式が終わると、棺桶に入れた遺体を村の菩提寺の境内にある共同墓地まで運ぶ。

そのとき葬列を組むわけだが、「院号居士」の戒名を授かった死者しか、その際、金を撒いてはならないというルールもあった。

こうした家の格は、葬式以外の場面でも意味をもつ。村には、氏神があって、そこでは祭礼が行われるが、家の格に応じて寄付の額が変わってくるのである。

また祭礼では、祭りの列が、親分など格が高い家の前でいったん止まり、舞いを披露したりするが、その際、そうした家は酒や食べ物などを祭り手に振る舞う。

こうしたことは、私たちが調査した村に限らず、全国どこの村についてもあてはまる。村落共同体のなかでは、長年の慣習に従って、家の格が定まっていて、それぞれの家はその格にふさわしい行動をとるよう求められる。それを逸脱することは、世間体に反する行為になるわけである。

逆に言えば、家の格が高いと見なされている家は、村の祭りのときもそうだが、とくに人を葬るときには、他の家に比べてより贅沢な葬式をあげなければならない。分不相応な贅沢をすることもタブーだが、逆に、その家の格にそぐわないような粗末な葬式をあげることも許されていない。

その点で、贅沢な葬式をあげられるということは、村という小さな世間でのことではあるが、成功者の証である。葬式は、村のなかで、いったい誰が成功者で、誰がそうではないかを明確にする機会でもあり、それを通して、村の身分秩序が再確認されるのである。

世間に対するアピール

村のなかに、それまでは家の格が低かったにもかかわらず、商売に成功するなどして、急に羽振りがよくなった家が生まれたとする。

そうした家で死者が出た場合、その家の人間は、目下の経済力にふさわしい贅沢な葬式をあげたいと考える。葬式の豪華さが、成功者の証だからである。

しかし、それは簡単には実現しない。経済力が家の格に直結するわけではなく、それまで格が低ければ、急には格が高くなったとは見なされない。それでも、村のしきたりを無視して、多額の金を菩提寺に布施したりすれば、分不相応な振る舞いとして批判されるので、そうした行為は抑制される。それによって、既存の身分秩序が簡単には崩れていかない仕組みが作られている。

村のなかで、家の格を上げていくには、相当に時間がかかる。たんに金があるというだけでは不十分で、さまざまな形で地域に貢献することで社会的な評価を高め、責任を果たしていかなければならない。それでも、「成り上がり者」に対する差別的な感覚はなかなか消えない。

村での新しい成功者は、そうした村落共同体の規制を逃れて、都会へ出て行きやすい。都会なら、家の格を気にする必要はない。いくら葬式に金を掛け、それを贅沢なものにしても、分不相応だという批判を受けることはない。

村で生活しているあいだは、十分な経済力がなく、そのために都会へ出て行った人間の場合にも、都会で努力して成功をおさめれば、死んだときには贅沢な葬式をあげたいという願望が生まれるのである。

第５章 なぜ死後に戒名を授かるのか

戒名の習慣と戒名料

葬式を贅沢なものにする上で、「戒名」が果たしている役割は極めて大きい。

もし戒名というものがなかったとしたら、葬式をめぐる事情はかなり違ったものになっていたのではないか。

ではその戒名とはなんなのか。意外にその点ははっきりとは理解されていない。世の中に流布している説明や解説は相当に怪しい。

仏教式の葬式では、戒名が必要だと考えられていて、ほとんどの場合、故人は僧侶から戒名を授かり、その戒名によって葬られる。

戒名には、不思議なことにランクというものがある。前章で、山梨県の山村での事例に見たとおりである。その村では戒名は４段階に分かれていた。「院号居士」の戒名が一番ランクが高く、それは村のなかで一部の家にしか許されない。

私たちが調査を行った30年前、その村の世帯数は400軒余りだったが、院号居士の戒名を授かれるのは20軒ほどにすぎなかった。全体の20分の1である。村のなかでかなり特権的な地位でなければ院号居士を授かれない。これは、この村に限らず日本全国いたるところで見られる習慣である。

一般に戒名は亡くなったときに授かるもので、長いほど、つまり字数が多ければ多いほど立派だと考えられている。とくに院号のついた戒名はランクが高いとされているが、じつはその上がある。それが「院殿号」のついた戒名で、居士の場合もあるし大居士の場合もある。女性なら清大姉となる。

戒名を授かるには「戒名料」がいる。戒名料は、僧侶に読経を頼んで支払う布施、「読経料」とは別物で、依頼する側は読経料としての布施と戒名料とを別々に支払わなければならない。ランクの高い戒名には相応の戒名料が必要だとされていて、院号などを授かる家ではかなりの額を支払う。院殿号を授かるケースはごく希《まれ》だが、その場合には戒名料は莫大なものになる。高価な外国車を買えるくらいの額にのぼることも決して珍しくはないのだ。

戒名料の相場

戒名料をいくら支払えばいいのか。それについては相場がある。相場は冠婚葬祭の本や葬儀業者のホームページなどに示されている。たとえば吉田ちづ著『迷ったときの冠婚葬祭贈答事典』（梧桐書院）には次のような表が掲載されている。

男性	女性	戒名料
○○院殿□□□□大居士	○○院殿□□□□清大姉	100万円～
○○院殿□□□□居士	○○院殿□□□□大姉	70万～100万円
○○院□□□□□居士	○○院□□□□□大姉	50万～70万円
○○院□□□□居士	○○院□□□□大姉	
□□□□□居士	□□□□□大姉	20万～30万円
□□□□居士	□□□□大姉	
□□□□禅定門	□□□□禅定尼	

□□□□□□信士　□□□□□□信女
□□□□信士　□□□□信女　｝10万～20万円

□□童士　□□童女　3万円～

童士や童女は、幼くして亡くなった子どもが授かる戒名である。

仏教界は「戒名料」の存在を否定している。戒名料は故人が戒名を授かったときに遺族が自発的な意志で捧げる布施の一種であり料金として定まっていない、というのがその理由である。

しかし現実には、戒名のランクに応じた相場があり、寺によっては戒名料と称してその額を紙に書いて本堂に貼り出しているところもある。今、挙げた戒名料の相場は、あくまで目安であり、地域によってかなり大きな違いがある。また、宗派や寺によっても違い、この相場が全国どこにでもあてはまるわけではないのである。

戒名のランク

戒名のランクというものは、じつはさまざまなところに影響していく。

まず葬式の際に、院号のようなランクの高い戒名を授かっていれば、導師として読経してもらった僧侶に対して渡す布施の額も上がる。ただの信士や信女なら、それほどの額の布施は必要ではないが、院号がつけば、一気にその額は跳ね上がる。

さらに、葬式の規模や内容も戒名のランクに影響され、より豪華で金のかかるものになる。ランクの高い戒名を授かりながら質素な葬式を出すわけにはいかない。逆に、ランクの低い戒名で豪華な葬式をあげるわけにもいかない。戒名は、位牌に記され、葬儀に参列した人間の目にふれるようになっているからである。

院殿号のついた戒名ともなれば、それを授かった故人の葬儀はとてつもなく大規模になり全体の費用は相当にかさむ。

戒名のランクは葬式の後にも影響する。

それは、特定の寺の檀家になっている場合だが、寺は、本堂などの建物の維持、補修や新築に相当な金額がかかる。そんなとき寺は檀家からの寄付を募る。本堂が国宝や重要文化財指定なら国や自治体からの補助をあてにもできるが、一般の寺院の建物に公的な補助はいっさい出ない。

寄付の額を決めるのも、戒名のランクである。戒名のランクが高ければ、それにふさわしいだけの額を寄付しなければならない。寺の方から寄付の額が決められることもあるが、その際にも、戒名のランク、つまりは檀家のなかでのその家の格が基準になる。

一度ランクの高い戒名を授かってしまうと、次に死者が出て葬式を出す際、同じランクの戒名を授けてもらわねばならなくなる。先に亡くなった妻が院号居士で、夫がただの居士というわけにもいかない。そのために、子孫が後になって大きな負担を強いられることもある。戒名のランクは、故人の問題だけではなく、家全体に影響する。

壇家の側がそうした事柄を理解していないと、いきなり高額な戒名料を支払わなければならない事態に直面し、戸惑ったり怒りを感じたりする。寺の側は、檀家がそのあたりの事情を理解していることを前提にしているから、当然の負担を要求しているつもりになっているが、事情がわからない檀家には理不尽な思いだけが残る。残念ながら、戒名について檀家側に十分な認識があるとは言えない。

そもそも戒名とはなんなのか。なぜそのランクによって葬式が贅沢になるのか。その点を檀家の側もしっかりと認識しておく必要がある。

日本にしかない戒名

ただし、寺の側が、戒名について正しい知識や認識をもっているかと言えば、それには怪しいところがある。

なぜそういうことになるかと言えば、戒名を授ける側の仏教宗派は、自分たちの宗派に属する僧侶に対して、戒名についての正しい知識や認識を伝えていないからだ。それは、おかしなことに思えるだろうが、そこには理由がある。

その理由について考える前に、まず仏教界で戒名についてどういう説明がなされているのかを見ていきたい。実は、そこからして大きな問題がある。

そもそも宗派によっては戒名を「法名」や「法号」と呼ぶ。浄土真宗は法名である。そこには、宗派の特殊性がからんでくるが、その点については後で説明を加えることとし、これからの記述では、戒名に統一する。

たとえば、日本仏教の中心的な宗派である天台宗の天台宗務庁では『葬式と戒名のつけ方』という小冊子を出している。そこでは、

「（仏教徒として守るべき戒律を授ける）授戒は俗界をはなれて仏門に帰入せしめる作法であり、戒名は受戒した仏弟子を表示する永遠の法号である」と説明されている。

言い方は難しいが、「仏門に帰入する」とは要するに仏教徒になる、仏教の信者になることを意味する。戒名は、その人間が仏教徒になった証として授かるものだというのである。

宗教評論家のひろさちやは、キリスト教における洗礼名、クリスチャン・ネームにならって戒名を「ブディスト・ネーム」と呼ぶ（『戒名・法名のはなし』世界聖典刊行協会）。

実業界で活躍し、その点から現在の仏教界のあり方を批判している曹洞宗の僧侶、千代川宗《そう》

圓《えん》は、法要で子どもたちに、戒名というのは「あの世に行くときの〝パスポート〟の名前なんだよ」と説明しているという（『坊主の常識・世間の非常識』日新報道）。

ブディスト・ネームやパスポートといった、外来語で説明しなければならないところに、戒名の存在意味を説明する難しさがあるように思えるが、まさにその点に疑問を感じている僧侶もいる。

現在の寺のあり方を変えようと奮闘する、長野県松本市にある神宮寺の住職、高橋卓志《たくし》は、戒名には多くの問題点があり、まず「戒なき坊さんから戒名を受けるという根本矛盾だ」と述べている。僧侶は与えられた戒をかたく守らねばならないはずなのだが、現状はとてもそうなっていないというのだ。日本の僧侶は妻帯し、酒も飲む。どちらも、五戒によって戒められている。

高橋は、僧侶が破戒の道をたどっている以上、戒名を授けることなどありえないのに、現実は、葬式の際に僧侶による授戒《じゅかい》が行われており、これは極めて矛盾したことだ、と言う（『寺よ、変われ』岩波新書）。

高橋の、いわば自己批判は根源的なものだが、仏教界で行われる戒名や戒名料についての説明はどれも奥歯にものがはさまったような言い方にしかなっていない。どこか本質的な問題から逃げているようで、それではとても納得できないのである。

最大の問題は、それが仏教の教えにもとづいていない点にある。膨大な数存在する仏典では、戒名について説明されていない。それも、戒名という制度が存在するのは、仏教が広まった地域のなかでも、この日本だけだからである。

戒名への納得できない思い

私はこれまで戒名をテーマとした本を三度上梓した。最初は『戒名——なぜ死後に名前を変えるのか』で、真宗大谷派（東本願寺）と関係の深い京都の出版社、法蔵館《ほうぞうかん》から刊行した。二度目が『戒名無用　死に方を変えてみませんか』（メディアワークス）で、冒頭に戒名のつけ方のマニュアルを載せた。

最後が法蔵館版『戒名』の増補改訂版で、『増補新版　戒名』として現在でも書店に並んでいる。

とくに反響の大きかったのが最初の『戒名』だ。それはどうやら出した時期に意味があったようだ。刊行は1991（平成3）年7月だが、それは、すでに述べたように散骨や友人葬など、人を葬るための新しい方法が模索されるようになった時期にあたった。おそらくはそれが『戒名』の本への関心を高めたのであろう。

本書の第1章で、バブルの時代、社葬が豪華で派手になったことにふれた。バブルがはじけると、ひたすら贅沢な方向へ傾いた葬式への疑問が生じた。

バブル時代は華やかな消費がもてはやされ、その影響が葬式にも及んだ。果たして、それで本当に死者を悼むことになるのか――疑問の声が上がるのも当然だった。戒名は、その象徴であり、多くの人がランクの高い戒名を授かり、多額の戒名料を支払うことに納得できない思いをするようになっていた。

私が戒名の本を著したのは、直接には社会学者の橋爪大三郎《はしづめだいさぶろう》に勧められたからだった。橋爪は、仏典に根拠のない戒名は間違った制度であり、その問題点を解明し指摘することが、私のような宗教学者に課せられたつとめだと主張した。

他に、もう一つ個人的な理由があった。

私の父方の祖父が亡くなった際、寺に墓を求めたものの、故人は戒名を授からず、俗名で葬られた。それは祖母の意向だった。戦争中、祖母は、祖父の田舎に疎開したが、そこで菩提寺の住職が無闇に檀家から金を取ろうとするのに接して不信感を抱いた。それで多額の戒名料を必要とする戒名自体を拒んだのだ。

檀家が戒名を拒否すれば菩提寺とのあいだにトラブルが発生する可能性もある。だが幸い我が家が墓地を求めた寺の住職は理解があり、「十分な修行を積んでいない自分には、まだ戒名を授ける資格がないかもしれない」と祖母の思いを受け入れてくれた。その後、祖母自身も私の父も俗名のまま葬られている。
こうした個人的な事情もあって、私は戒名について調べ、それをまとめて上梓したのである。

葬式仏教が生んだ日本の戒名

仏教はインドで生まれ、各地に広がった。初期仏教は「部派仏教」と呼ばれるが、主に東南アジアの国々に広がった。タイやスリランカ、ミャンマーなどが、その代表である。部派仏教の後で生まれた「大乗仏教」は、インドから中国に伝わった後、朝鮮半島や日本に伝えられた。そして仏教のなかでも、最後に生まれた後期密教はチベットに伝えられた。

仏教が誕生したインドではその後、イスラム教の進出もあって、仏教の勢力は衰え、土着のヒンドゥー教のなかに溶け込んでしまった。中国でも相当長期にわたって仏教は繁栄したものの、次第に衰退し、むしろ日本において大乗仏教が継承されることとなった。中国では最近、仏教への関心がふたたび高まっているものの、それはひたすら現世利益を追求する道教の信仰に近いものである。

現在の世界のなかで、仏教はキリスト教やイスラム教に比べて信者数は多くないものの、東アジアや東南アジア、南アジアの文化に依然として大きな影響を与えている。

他の仏教国でも、出家して僧侶になったときに世俗の世界の名前を捨て、出家者として新たな名前を与えられる。その点で戒名は仏教の伝統だと言える。だが、ここで注意しておく必要があるのは、それはあくまで出家者のためのもので、一般の俗人が授かるものではないという点である。

日本でも、出家した僧侶はその証に戒名を授かる。その点は、他の仏教国と同様である。ただ、一般の在家の信者の場合にも、死後には戒名を授かる。それが、日本にしかない制度なのである。

出家者は世俗の生活を捨てたわけで、出家の際にまったく新しい人間に生まれ変わったと言える。新しい名前はその象徴である。

一方死者は、生の世界から死の世界へと移るものの出家したわけではない。俗人は、俗人のまま亡くなったはずである。にもかかわらず俗の生活を捨てたかのように戒名を授かる。本来、出家という行為と密接不可分な関係にあるはずの戒名が、それと遊離してしまったのである。

他の仏教国の人が、こうした日本の戒名のあり方を知れば不思議に思うだろう。しかも、日本では、出家であるはずの僧侶が妻帯し、普通に家庭をもっている。それは破戒ではないのか。日本の仏教は戒律を蔑《ないがし》ろにしていると考えられても仕方がない面がある。

それは日本人自身も感じている。日本の仏教は葬式仏教に成り果てたことで堕落してしまった。そう考える人は少なくない。その堕落の象徴が、戒名と戒名料なのである。

出家した僧侶のための戒名

日本人は、出家するという行為を宗教家、聖職者に求められる基本的なあり方だと考えている。

だが、仏教とともに日本人の宗教生活の基盤を作り上げてきた神道の世界では、祭祀を司る神主は出家しない。神主も、儀式の前には精進潔斎して身を清める。けれども妻帯は許されているし、家庭を持っている。

現在は、それぞれの神社に専門の神主がいて常駐し、もっぱら神道の祭祀を実践する。そうした形が広まり、神主は神道の専門家だというイメージが強まってきているが、じつは昔は、特定の神社を除いて、専門の神主は存在しなかった。

伊勢神宮には荒木田《あらきだ》家と度会《わたらい》家、出雲大社には千家《せんげ》家と北島家という神職の家がある。古い神社では、こうした「社家」というものがあって、その神社を昔から守り続けているが、一般の神社の場合、近代に入るまで専門の神主は常駐していなかった。

以前、一般の神社では祭りの際に氏子の一人が当番で神主をつとめるようになっていた。当番となった人間は、家族から離れ、食事を作る火を別にした。神道では死や血の穢《けが》れを嫌う。もし当番の家に死者が出たりすると神主の役を降りねばならなかった。

今でも、地域によってはこうした方法がとられている。天皇家も、近代に入って「宮中祭祀」を営むことが重要な職務になったが、その原理はこうした当番制による神主のやり方と同じである。

ここからもわかるように、神主は俗人である。普段は俗人として生活しているため、祭祀を営む際に精進潔斎が必要になる。社家の場合にも、家として受け継いでいる以上、やはり俗人である。専門の神主も基本は同じで、神道には出家の制度がない。

じつは多くの宗教に出家の制度は存在しない。出家があるのは仏教とキリスト教のカトリック、それに東方教会（ロシア正教、ギリシア正教）だけである。同じキリスト教でもプロテスタントには出家者はいない。牧師は、カトリックの神父とは異なり、厳密な意味で聖職者ではない。イスラム教も、その点は同じだし、ヒンドゥー教でも儒教や道教といった中国の宗教でもユダヤ教でも基本的な構造は共通している。

俗人であれば、宗教行為の実践のときだけそれにかかわるわけで、出家してそのあり方を根本的に変えるわけではない。仏教でも本来、出家した人間に僧侶としての名前が与えられるのであって、俗人にそれが与えられることはなかった。

ところが日本では、第3章で見たように、禅宗で在家の信者の葬式の作法が確立され、その際、いったん出家のかたちをとらせるために戒名が授けられることになった。それが今日にまで受け継がれ、死者は戒名を授かるという慣習が成立したのだった。

日本的な名前の文化

日本で最初に戒名を授けられたのは聖武《しょうむ》天皇である。この奈良時代の天皇は「勝満」という戒名を授かった。わずか2字ときわめてシンプルである。平安時代に栄耀栄華を極めた藤原道長でさえ、戒名はやはり2字で、「行覚」だった。

聖武天皇や藤原道長は生前、出家得度《とくど》した際に戒名を授かっており、それは仏教教団の一員になった証にほかならない。その意味では死者に授けられる現在の戒名とは性格が異なる。

現在、仏教の各宗派では、戒名は生前に授かるのが本来の姿であるとし、得度式を催し、生きた人間に戒名を授ける機会を設けている。そうした機会を利用する人もいないわけではないが、ほとんどの場合は死後に戒名を授かっている。

では、なぜ日本では死後に戒名を授かる慣習が成立し、それが浸透したのだろうか。

その背景にあるのが、日本に独特な名前の文化である。

現在では生涯、同じ姓名を名乗ることが一般的で、名前が変わるとすれば、結婚や養子などの際に姓が変わる程度である。

ところが昔の社会では「幼名」が存在し、成長し、元服という成人式を経て、大人の名前を名乗った。また武士の社会では、手柄を立てると主君からその証に新しい名前が褒美として与えられ、隠居すればそれまでの名前を後継者に譲り、新しい名を名乗ることもあった。

ほかにも俳号や芸名、画号などがあり、一人の人間が生涯にいくつもの名前を名乗ることが珍しくなかった。江戸時代の葛飾北斎《かつしかほくさい》は、引っ越し魔であるとともに頻繁に画号を変えたことでも知られ、葛飾北斎を名乗ったのは、じつはわずか十数年にすぎない。北斎は90年近く生きたが、生涯に30回余、号を改めている。人生のほとんどの時期、北斎は北斎でなかったのである。

こうした慣習の延長線上に成立したのが「襲名《しゅうめい》」の文化である。今日、襲名と言えばまっさきに歌舞伎役者の襲名披露《ひろう》が思い起こされるが、他の伝統芸能や伝統工芸の世界でも襲名の制度が存在する。

それは一般の商家にも及んでいる。京都の老舗には当主が襲名をくり返すところがある。ちなみに私が『戒名』を出した法藏館は、400年の歴史をもち、当主は代々西村七兵衛を名乗ってきた。襲名の際には、歌舞伎役者とは異なり、戸籍も変える。京都では、そうした例が少なくないことから、名前変更の手続きがしやすいと聞いたことがある。

日本にこうした文化が成立していることで、死後にも、やはり名前を改めた方がいいという考え方が生まれたに違いない。それが戒名に結びついたのである。

戒名の定着と江戸期の寺請制度

戒名の慣習が庶民にまで浸透するのは、江戸時代に「寺請制度」が導入され、檀家である証として戒名を授かることが義務となってからである。

最初、寺請制度の対象は、禁教とされたキリシタンから仏教に転宗した者に対してだけだった。彼らはキリシタンでない証に寺の檀家になった。

禁教となったのはキリスト教だけではなく、日蓮宗の不受不施派など特異な教義を掲げ一般の仏教宗派とは異なる活動を実践した集団がそこに含まれた。やがて転宗した者だけではなく、すべての人間が寺請制度の対象となり、それぞれの家は地域の寺の檀家になることを義務づけられた。

寺の側は、「宗門人別帳」を用意し、檀家の家族構成、それぞれの生没、結婚、旅行、移住、奉公人の出入りなどを記入した。これによって一般の庶民と仏教寺院との関係が密接になり、檀家は葬式や法事、墓地の管理などを寺に任せるようになる。

江戸時代の中期以降、一般に出回っていた文書のなかに「神君様御掟目十六箇条宗門檀那請《しんくんさまごじょうもくじゅうろっかじょうしゅうもんだんなうけ》合掟《あいおきて》」というものがあった。このなかでは、檀那寺《だんなでら》との関係を密接にする必要性が説かれ、葬式の際には、戒名を授かることが掟として定められていた。

神君とは徳川家康のことで、この掟の写しは、寺々に貼り出され、寺子屋では習字の本として使われた。ところが、この文書は、17世紀末から18世紀はじめの元禄時代以降に作られた偽《ぎ》書《しょ》で、仏教界の側が、檀家や戒名の制度を浸透させるために利用した可能性があった。

こうしたこともあって、寺請制度の導入以降、死者が戒名を授かる慣習が日本の社会に広まり、それが近代にまで受け継がれ、今日に及んでいる。こうした制度が受容されたのも、日本に独特な名前の文化があり、その人間の身分や境遇が変われば名前も改めるべきだという文化が存在したからである。

こうして本来、仏教には存在しなかった戒名という慣習が確立され、社会に浸透した。しかも戒名は、ランクをともなうことで、村の身分秩序を安定させる役割をも担うようになった。その点でも、戒名は仏教の教えとは関係がないものなのである。

第6章 見栄と名誉

高度経済成長における院号のインフレ化

前の章で見たように、江戸時代に寺請制度が導入されてから、一般の庶民も死後に戒名を授かるようになった。

ただし、その段階ではほとんどの庶民に「名字」がなかった。名字が与えられるのは、庄屋など村の有力者だけで、この時代、名字帯刀を許されるということは社会のエリート、上層階級であることを意味した。一般庶民は、名字ではなく、ただ名前で呼ばれるだけだった。名字がないということは、家としてのまとまりが意識されないことを意味する。家の格を反映する戒名は、庶民にはまだそれほど重要なものではなかった。

やがて明治維新が起こり時代が変わると庶民も名字を持つようになる。それが家についての意識を強め、戒名への関心も高めた。できるだけランクの高い戒名を望む意識は、近代になってから生まれたものである。

これは、私が副査として卒業論文の指導にあたった放送大学の学生が調査したものだが、一般の霊園にある墓に、院号居士や院号大姉といった院号のついた戒名が登場するのは、明治になってからである。ただ、その時代にはまだ数が限られていて、明治時代の戒名のうち、院号が占める割合は18パーセントにすぎなかった。

それが大正時代になると、わずかに増えて20パーセントに達する。さらに昭和の時代に入り昭和10年代や20年代は戦争の影響だと考えられるが、その割合は10パーセントに落ちている。戦没者は、年齢が若いわけで、家の当主でないことがほとんどである。そうした年齢で亡くなった者が院号のついた戒名を授かることは少ない。

院号のついた戒名が飛躍的に増加するのは、戦後になり、高度経済成長がはじまってからのことである。昭和30年代から40年代にかけては院号のついた戒名が55パーセントと半数を超える。さらに昭和50年代から60年代になると64パーセント、平成に入ると66パーセントに達した。全体の3分の2の戒名に院号がつくようになったわけである。

これは一般の霊園での調査である。同じ地域でも寺院の墓地なら事情は違っただろう。寺院の場合は、誰もが簡単に院号を授かれるわけではない。院号を授けてもらうには、寺に対して日頃、経済的な貢献をしていなければならない。そうである以上、高度経済成長の時代にも、一般の霊園ほど院号が急増することはなかったであろう。少なくとも、その割合は一般の霊園に比べて低いはずである。

さらに地方の農村地域ならば、短期間の院号の急増は考えられない。山梨県の村における家の格と戒名のランクの関係については、すでにふれたが、私たちが調査を行った昭和60年代でも、院号の戒名は全体のわずか20分の1で、5パーセント程度にすぎなかった。

農村では戒名のランクの背景にその村の身分秩序が厳然としてかかわっている。村の有力者でなければ院号のついた戒名は授かれないのがしきたりである。しきたりが崩れれば村の秩序自体が混乱するというのが、村での一般的な考え方である。

ところが都会では村落共同体のような強固な地域共同体は存在しない。都会の寺でも当然、檀家組織があるが、それは地域とは必ずしも重ならない。墓を求めた時点では、その寺の近くに住んでいても、サラリーマンなら別の地域に引っ越すこともある。都市は農村に比べて人口は流動的で、同じ地域に属する家がすべてその地域にある寺院の檀家になるわけではない。

そのために、都会では地域の規制が働かない。まして檀家関係を結ぶ必要のない一般の霊園に墓地を求めたなら、誰もが院号のついた戒名を望み、それを授かることができる。

高度経済成長の時代には、物価の面でのインフレが進行し、収入とともに物の値段も上がったが、戒名についても院号のインフレ化が進んだのである。

バブル期に平均70万円を超えた戒名料

農村なら死後に子孫に対して「美田」を残せる。漁村なら船を残す。芸事や伝統的な技術・技能を伝える家なら芸や技を伝承する。中小企業や店舗の場合は会社や店を跡を継ぐ者に残す。

しかし、サラリーマンには子孫に残せるものはほとんどない。あるとしたら自宅だが、一般サラリーマンが買える家は、他人に誇れるほど立派な屋敷ではない。そんなサラリーマンにとって、自分が生きた証として残せるものは案外、戒名に限られるのかもしれない。

どうせ授かるなら平凡なものではなく院号のついた立派なものが欲しい。本人もそれを望むが、喪主となった遺族も世間に対する見栄から立派な戒名を望む。都会における院号のインフレ化の背景には、そうした都会人の欲望がからんでいる。

院号のインフレ化が進めば、戒名料の額も上がる。

最近の葬式費用の調査としては、第1章でもふれた2007（平成19）年の日本消費者協会のものがある。そこでは、戒名料を含め寺院に支払われる布施は全国平均で54万9000円という結果が出ていた。ただし、これには読経料と戒名料がともに含まれていて、そのうち戒名料がいくらなのか詳細はわからない。

内訳がわかるものとしては、少し古いが、東京都生活文化局（当時）のデータがある。その調査では、1995年、寺院に対して63万7900円が支払われ、そのうち戒名料は40万24

00円だった。

この調査は2001年にも行われ、寺院に64万円2700円が支払われ、戒名料は38万円1700円だった。1990年代後半、不況が深刻化し、戒名料は少し下がったものの、寺院への支払額全体は増えていたことになる。

寺院に対する布施や戒名料の上昇は、高度経済成長時代に遡《さかのぼ》る。『仏教葬祭大事典』（雄山閣）には、東京都における1969（昭和44）年と1979年の戒名料を比較したデータが掲載されている。それによれば1969年では、院号のない信士・信女が1万5000円以上、院号のついたものが5万円以上、院殿号のついたものになると20万円以上だった。

それが、10年後の1979年では、信士・信女が3万円以上、院号が10万円以上、院殿号が50万円以上になっている。この間2倍から2・5倍にもなったことになる。

さらにバブルの時代、その額はつり上がる。

それは、首都圏を中心として展開する葬祭業者「くらしの友」が行った調査に明らかである。こちらは戒名料を含めた寺院への支払額全体である。

バブル前夜の1983年には40万4000円だった。それが、バブル真っ盛りの87年には54万8000円にあがり、90年には74万5000円、さらには93年には75万円6000円にまではねあがった。ただし、次の96年には68万7000円と、70万円台を割っている。

その後、くらしの友は調査を継続させていないので、直接の比較ができないが、日本消費者協会の2007年の調査では、首都圏にあたる東京、神奈川、埼玉の3都県で、葬儀費用全体のうち、寺院に支払われたのは68万4000円だった。これは、くらしの友の1996年の調査の額に極めて近い。

くらしの友の調査と日本消費者協会の調査を重ね合わせると、バブルを契機にして、戒名料を含めた布施の額は、東京周辺で40万円から70万円近くに上昇したことになる。そのあいだ、もちろん物価の上昇はあったものの、近年では、物価が下落する年も少なくなく、全体として物価水準はそれほど大きくは変わっていない。そんななかで、布施の額は確実に上昇し、不況下でも高値で定着してしまったのだ。

仏教界の対応

院号のインフレ化が進み、戒名料が上昇していくことで、戒名のことが問題になっていった。戒名を授かっても、戒名料が安ければ社会問題化することはない。ところが、戒名料は相当に高い。10万円を超えることはざらで、100万円を超えることもある。バブルの時代には、500万円を超える戒名料の話も聞こえてきた。

いったい戒名料とは何なのか。院号居士でもわずか9字にしかならない。これを原稿料として考えてみれば、一字あたりの額は計り知れない。

戒名は本当に必要なのか。従来から、戒名のあり方に対してさまざまな批判や疑問の声が上がっていた。

そこで、全国の仏教寺院の大半が加盟する全国組織、財団法人全日本仏教会は、戒名の問題について研究し、議論するための場として「戒名（法名）問題に関する研究会」を発足させた。そして研究会での5回の討議をもとに2000年1月、報告書をまとめた。

報告書は、戒名が問題になってきたのは、都市化によって寺院と檀家との関係が希薄になるとともに、経済至上主義の影響で葬式にも商用化の波が押し寄せてきた点に原因があると指摘している。そのため、仏弟子になるための名前である戒名の意義が十分には理解されず、また、一部に高額な戒名料を請求する僧侶も生まれた。

ところが仏教界は、戒名問題解決のために十分な努力をしてこなかった。これを真摯に反省し、明確な会計処理を行うとともに、今後は、戒名料という名称を使わないようにしなければならない。それが、報告書の提言だった。

本来、戒名を授かったときに檀家が支払う金は布施であり、それは決して強制されるものではなく、自発的な意志にもとづくもののはずである。そうである以上、戒名料などという考え方は成り立たず、そこに間違いがあった。全日本仏教会は、戒名についての無理解に問題の原因を求めたのである。

この報告書をもとに、一般向けのパンフレットが作られ、この一連の動きは、メディアでも報道された。それからすでに10年の月日が流れようとしているが、その後、それぞれの宗派や寺院において、この提言を具体化する動きが進められているようには見えない。

現在でも、戒名料という言い方は一般に流布している。また、多額の戒名料を請求されて困っている人々の声は後を断たない。問題が解決していないことはたしかである。

戒名はクリスチャン・ネームにあらず

なぜ戒名にまつわる問題は解決しないのか。その根本的な原因は、仏教界において、また、一般の社会において、戒名とは何かについての正しい認識がなされていないからである。

たとえば、第5章で見たように、戒名を、キリスト教のクリスチャン・ネームと似たものとして、ブディスト・ネームと呼ぶ試みもある。だが、じつは両者の性格は大きく異なっている。

クリスチャン・ネームは「洗礼名」とも呼ばれるように、キリスト教の信者になったときに授かる名前である。カトリックでは「幼児洗礼」の慣習が確立され、ほとんどの信者は、生まれたばかりの時期に教会で洗礼を受け、洗礼名を授かる。

プロテスタントには、幼児洗礼の慣習はない。成人してキリスト教徒としての自覚をもつようになった段階で洗礼を受けるが、ほとんどの宗派はそこで洗礼名を授けない。

プロテスタントのなかで洗礼名を与える宗派が聖公会の場合である。それも、聖公会がカトリックとプロテスタントの中間的な形態をとっているからである。日本の聖公会は、洗礼名を「教名」と呼ぶ。東方教会の場合は、カトリックと同様である。

洗礼名として選ばれる名前は予《あらかじ》め定まっている。カトリックや東方教会には「聖人」の制度があり、信仰をもったがゆえに迫害を受け殉教したり、特別な奇跡を起こした人物が、死後、聖人に選ばれる。洗礼名は、この聖人たちの名に由来する。洗礼以降、その聖人は守護聖人となり、洗礼を受けた信徒を守ることになる。

ブディスト・ネームとしての戒名も、得度して仏教徒になった証として授けられるという点では、クリスチャン・ネームとたしかに共通している。だが、戒名には、釈迦の弟子の名前がつけられるようなことはない。

その点で、仏教の信仰との関係は必ずしも明確ではない。その点は、実際の戒名を見ていくと、より明確になってくる。

有名人の戒名に見る、それぞれの宗派の決まりごと

有名人の戒名をいくつか見てみることにしよう。

瑞雲院法道日長居士　いかりや長介
石森院漫徳章現居士　石ノ森章太郎
花香院麗風妙舞大姉　大原麗子
映明院殿紘國慈愛大居士　黒澤明
顕峰院法正日剛大居士　ジャイアント馬場
双綱院貴関道満居士　貴ノ花

戒名を見て、生前の名前を見るならば、なるほどと納得するものが少なくないだろう。石ノ

森章太郎のものは、戒名を見ただけで、本人のことが思い浮かぶに違いない。貴ノ花も、あるいは戒名だけで、本人だとわかるのではないか。まず、この点が重要だ。

戒名の構造は、基本的に「院号」「道号」、狭い意味での「戒名(もしくは法名)」「位号」の四つの部分からなっている。いかりや長介のケースでは、瑞雲院が院号、法道が道号、日長が戒名、居士が位号である。

ここにあげた例は、故人がみな有名人であるため、すべてに院号がついている。黒澤明の場合になると、院殿大居士で、戒名としてはもっともランクが高いわけだ。

院号がつかなければ、道号、戒名、位号の三つの部分からなる。その場合、位号は、居士(大姉)のほかに、信士(信女)、禅定門(禅定尼)があり、居士が一番ランクが高く、信士がそれに次ぐ。

戒名の形式は、基本的にどの宗派にも共通するが、唯一原則が大きく異なるのが、浄土真宗の場合である。浄土真宗では、そもそも、戒を授けるという考え方をとらないために、戒名とは言わず法名という。そして、2字からなる狭い意味での法名の上に、男性なら「釈」、女性なら「釈尼」をつける。「釈(尼)○○」という形が基本で、宗派としては院号を認めていない。

ただし、他の宗派の影響で、浄土真宗でも院号をつける場合がある。たとえば、松本清張は

「清閑院釈文帳」という法名を授かった。

このように浄土真宗では、宗派の考えとは異なる院号のついた法名が一般に流布していることになるが、他の宗派でも、実は明確な原則が確立されているわけではない。はっきりとした原則があって、それにしたがって実際の戒名がつけられているわけではないのだ。

そもそも僧侶になるための修行のなかで、宗派の大学も本山も、戒名のつけ方を指導しない。前の章で述べたように、戒名は日本仏教に独自な制度で、釈迦の教えにもとづいておらず、また仏典に根拠が示されているわけではない。各宗派の開祖も戒名の意義について説いてはいない。

戒名は、時代を経るにつれて、しだいに形成された慣習であり、だからこそ浄土真宗を除いて、各宗派で形式が似ている。ただ、宗派の独自色を出すために、宗派に独特な文字をそのなかに入れるところもある。

日蓮宗では、「日」や「法（男性の場合）」、「妙（女性の場合）」といった文字が含まれる。有名人の戒名の例としてあげたもののなかでは、いかりや長介と大原麗子、ジャイアント馬場のものは日蓮宗の戒名である。

ほかに、浄土宗では「誉」の文字を用い、浄土宗の一派、西山浄土宗は「空」の文字を用いる。時宗は「阿」の文字を使い、女性なら「弌《いち》」を用いる。したがって、戒名を見ただけで宗派がわかる場合もある。

死後の勲章としての戒名

実例としてあげた有名人の戒名全部に共通するが、生前使っていた名前、俗名や芸名などの一部が戒名に取り入れられる。これは一般人の場合も同じである。ただ院号、道号、狭い意味での戒名のどこにそれを含むかまでは定まっていない。

さらに、ここが重要なところでもあるが、故人の生前を彷彿とさせる文字を含んでいる。石森院漫徳章現居士の「漫」は、故人が仕事として漫画を描いてきたことを示す。花香院麗風妙舞大姉も花、香、風、舞といった文字が、彼女の女優としての活躍ぶりを示している。双綱院貴関道満居士の院号の部分は、二人の息子を横綱にした業績を表現している。

こうした戒名をクリスチャン・ネームと比較するならば、その違いは明らかである。

仏教では、僧侶になるための儀式を「得度」と呼ぶ。得度するということは、世俗の生活を捨てることを意味する。僧侶の戒名は、世俗の生活を捨てた証に授かるもので、名前に世俗の世界に生きていた時代の名前や性格、仕事が反映されることはない。

仏教界では、一般の信徒にも生前に戒名を授かることを勧めているものの、そうした人間が戒名を授かったからと言って、世俗の生活を捨てるわけではない。むしろ一般の人間に与えられる戒名には、世俗の世界でのさまざまな事柄が盛り込まれている。その点で俗信徒の戒名は世俗の生活から切り離されたことを意味しない。

死後に与えられる一般人の戒名には、その人間が俗世間で果たした功績が反映されている。その点で、戒名は死後に与えられる勲章であるとも言える。そのために、戒名を見ただけで、故人がどういった人間だったのかがわかるようになっているわけである。

しかも、戒名にはランクがある。一般の勲章に、その国家への貢献に応じて明確なランクがあるように、死後の勲章として戒名にもランクがある。有名人、著名人の戒名に、軒並み院号がついているのも、世に名を残すほどの業績、功績を残した人間には、院号が不可欠だという感覚が広まっているからである。

生前戒名が広まらない理由

仏教界の建て前としては、戒名は仏教徒になった証である。したがって、仏教の信仰をもつ人間は、生前に得度し、その時点で戒名を授かっておくべきだということになる。仏教の各宗派では、この建て前にしたがって、生前戒名を勧めている。

なかには、この勧めにしたがって、生前に戒名を授かっている熱心な仏教信者もいる。それは、建て前にかなった行為ではあるが、この動きはそれほど広まってはいない。それも、戒名が死後の勲章の性格をもち、亡くなってからでないと、本当はつけるのが難しいからである。その難しさは、印殿号がついた戒名の場合にはっきりする。その実例としては次のようなものがある。

大義院殿誠忠長陵大居士　山本五十六《いそろく》

泰徳院殿仁智義譲青淵大居士　渋沢栄一

政覚院殿越山徳栄大居士　田中角栄

伯藝院殿覚圓蟲聖大居士　手塚治虫

ここにあげた人々は、誰もが歴史に残る著名な軍人や財界人、政治家、芸術家である。その葬儀で導師をつとめた僧侶は、故人の生前の功績の大きさから、院殿号を選択したのであろう。

印殿号のついた戒名を授かれば、菩提寺に支払う戒名料は莫大になり、葬式も大規模な葬儀場を使った派手なものになる。導師となる僧侶の数も自ずと多くなり、通夜、葬儀・告別式には膨大な数の参列者が訪れる。逆に、それだけ規模の大きな葬式で、戒名料の額も高いために、導師となった僧侶は院殿号を選択したのかもしれない。

もし、ここにあげた人たちが、生前に得度し、戒名を授かっていたとしたら、いったいどのような戒名になっていたことだろうか。生前の段階で、いくら立派な功績を残していたとしても、亡くならないうちに、院殿号を授かるわけにはいかないだろう。本人もそれを望まないだろうし、授ける側も、もっと簡素なものにするはずだ。

院殿号を授けられるのは、死者に限られる。それは、院号のついた戒名の場合にも同じだろう。生前にはあまりに立派な戒名を授かるわけにはいかないし、その業績を盛り込んだ戒名を選択することも難しい。その点で戒名は、死後に授かるものであり、現在の慣習と生前戒名の勧めとのあいだには、どうしても齟齬《そご》がある。

それは、別の面からも言える。

戒名のなかに使われることばは、どれも基本的に仏教の教えとは関係しない。たとえば、山本五十六の「大義院殿誠忠長陵大居士」という戒名を眺めてみたとき、仏教の教えを彷彿とさせる文字は使われていない。むしろ、義、誠、忠といった文字は、儒教と関連しているように思える。仏教の各宗派が、自分たちの養成する僧侶に戒名のつけ方を教えないのも、戒名と仏教信仰との関係が明確ではなく、むしろ縁がない可能性が高いからである。

このように、戒名の実態は、仏教界での建て前とは大きくずれている。戒名を、仏教徒になった証、ブディスト・ネームとしてとらえるには明らかに無理がある。無理があるからこそ、生前戒名を勧める動きも、さほど広がりを見せないのである。

院号がインフレ化し、戒名料が高騰するのも、戒名の本質が、死後の勲章だからである。勲章なら、できるだけ立派で、見栄えのいいものがいい。そうした見栄や名誉欲が、戒名問題の背景にある。そして、立派な戒名が、葬式を贅沢なものにしていくのである。

墓という贅沢

考えてみれば、葬式をするということ自体が贅沢である。その贅沢は金の面だけにとどまらない。

葬式をすれば、直葬や家族葬でなければ、会葬者が訪れる。会葬者は忙しいなかで時間をやりくりして葬式の場に集まってくる。たんに焼香したり献花したりするだけではなく、香典ももってくる。故人の死を悼むために、多くの人たちが時間と金をかけてくれる。

遺族だって、葬式のために多くの時間と金を費やす。結婚式の場合には、結婚情報誌『ゼクシィ』の2009年の調査では、その費用の総額は433万2000円である。これには、新婚旅行や土産の費用が含まれるが、それを除くと367万9000円である。これに比べれば、葬式費用の全国平均は231万円だから安いが、結婚が二人のためと考えれば、故人一人のための葬式のほうが金がかかることになる。その費用は、故人が残している場合もあるが、遺族が負担しなければならないこともある。

しかも、葬式ですべてが終わるわけではない。年忌法要もあるし、なによりも墓が必要である。墓にかかる費用は相当な額にのぼる。

墓を作るには、墓地を求め、そこに墓石を建てなければならない。墓石については一般社団法人・全国優良石材店の会が2008年に行った「お墓購入者全国アンケート調査」というものがあり、それによれば、墓石にかけた費用は全国平均値で176万3000円だった。

墓地の場合には、その土地を買うのではなく、使用料を払って借りる形になるが、それをどこに求めるかでその額はかなり違う。一等地にある都営の青山霊園の場合、一区画が400万円（1・5平米）から1000万円（3平米強）程度である。同じ都営の霊園でも、郊外の八王子市にある都立八王子霊園の2009年における公募の使用料は、4・0平方メートルで114万8000円だった。

墓地も宅地の場合と同じように、便利な場所にあればあるほどその使用料は高い。少し不便な場所でも、墓石を含め200万円から300万円はかかるだろう。

墓の場合には、葬式とは異なり、故人一人のためだけのものではない。一度墓地を求めれば、そこには多くの人間を葬ることができる。それでも、核家族化が進んだ現在の状況では、一つの墓に葬られるのは数人である。しばらくの間は一人の場合だってある。

墓石も、贅沢をしようとすれば切りがない。高級な石を使えば、500万円以上かかることもある。墓石は半永久的なものであり、その墓を護り続ける人間がいさえすれば、そこに葬られた人間が生きた証としてそびえ続けていく。

最近では、伝統的な形をとらない自由にデザインされた墓石を建てる場合もあるし、特殊な材料を使って自然光を反射し、輝く墓石などもある。

昔なら、墓が残るのは権力者だけだった。一般の庶民は、土葬され、その上に目印として墓標が立てられるだけで、立派な墓石を使った墓が残ることはなかった。

ところが、現在では、墓石を建てる慣習が広まり、墓さえ求めれば、それが半永久的に残る体制が作られている。それ自体、相当に贅沢なことなのである。

第7章 檀家という贅沢

介在する葬祭業者

葬式を贅沢なものにしていく上で、葬式を出す側の見栄や名誉欲というものは、かなり大きな役割を果たしている。それは、世間に対して故人の業績を誇示し、引いてはその家の価値をアピールする。葬式は、格好のデモンストレーションの機会なのである。

しかし、葬式を出す側に、もともとはその意図がないこともある。急に葬式の機会が訪れたときには、そもそもそうしたことを考える余裕はない。故人の名誉が傷つかないよう、ちゃんとした葬式を出し、故人を失ったことのけじめをつける。喪主の側は、それしか望んでいないかもしれない。

私たちが調査した山梨県の村でもそうだったが、村落共同体では、「葬式組」というものが存在し、機能していた。村のなかで死者が出たとき、葬式を出すだんどりをつけ、実際にその手伝いをするのが葬式組である。葬式組に任せていれば、喪主となる家の人間は、葬式にまつわるこまごましたことを気にする必要がない。

そして、葬式が終われば、葬列を組み、村のなかにある檀那寺へ遺体を運ぶ。その山村では、まだ土葬で、墓地に穴を掘って、棺桶をそこに埋めていた。そこまでの手配は、すべて葬式組の役割である。

都市においても、地域共同体が機能しているところでは、葬式組が組織され、同じような役割を果たしていた。しかし、都市化が進み、核家族化が進んで、地域共同体が機能しなくなっていくと、葬式組に任せることができなくなり、その代わりに葬祭業者が参入することとなった。

今、都市で葬式を出す場合、葬祭業者に葬式全般の実施を委託するのが一般的になっている。そもそも、ほとんどの死者は病院で亡くなり、遺体の自宅や斎場への搬送ということからして、葬祭業者の手を煩わせなければならない。病院には出入りの業者がいて、自動的にそこに依頼することにもなってくる。

葬祭業者は、社会の変化に非常に敏感で、新しい動きが生まれれば、それをすぐに取り入れていく。散骨が可能になれば、それを請け負う業者が生まれ、密葬が家族葬と名前を変えて一般化していくと、業者はさまざまな家族葬のプランを用意してきた。火葬場にほぼ直行する直葬の普及が急速度で進んでいるのも、葬祭業者がいち早くそれを取り入れたからである。

葬式の費用にかんしても、以前はどんぶり勘定で、内訳がわからないことが多かったが、最近では、それを公表する業者も増えている。こうした業界でも競争原理が働くようになり、合理化も進んでいる。

しかし、祭壇の選択などでいくつものプランが用意されているとき、施主の側には、できるだけ手厚く死者を葬りたいという思いがあり、節約の方向ではなく、金をかけて葬式を豪華なものにする方向を選択しやすい。葬式に金をかけることを惜しめば、それは故人を蔑ろにすることになるのではないか。そこでも世間体の意識が働き、それが金のかかる葬式を生む原因になっている。

葬祭業者がからむことで、葬式にかかる費用は確実に上がった。社会が豊かになり、何ごとにも贅沢になったことが、葬式の世界にも及んでいるのである。

仏教寺院の経済的背景

もう一つ葬式を贅沢なものにする上で、大きな役割を果たしているのが仏教寺院の側の都合である。仏教寺院の経済的な事情ということが、影響している。とくにそれは、戒名における院号のインフレ化や戒名料の高騰ということに結びついている。

なぜそうしたインフレ化が進み、戒名料が高くなったのか。

仏教の寺院は宗教施設であり、それが創建されるのは、信仰の一環として寺院の建立を発願する人間がいるからである。

古代においては、天皇や豪族などが寺院建立の発願者となり、国家が後押しすることもあった。その際、重要なことは、いったん創建した寺院をいかに維持するかで、発願者は寺院建立のための費用をまかなうだけではなく、田畑を寺院に寄進し、そこからあがる収入で寺院が維持運営されるようにはからねばならなかった。基本的に経済活動を行わない仏教寺院は、田畑が寄進されなければ維持は不可能なのである。

平安時代になると、発願者は貴族に代わった。さらに平安時代末期から鎌倉時代にかけては、台頭した武士がその役割を担った。僧侶は仏典を学び、修行を積むことで、説法や加持祈禱を通して発願者やその寺の信仰者に貢献したが、経済的な部分はすべて俗人に任せることができた。平安時代、東大寺や興福寺のような一部の寺院は、膨大な荘園を寄進され、強い経済力を誇るようになった。

寺院にとっては、その財政を支えてくれる檀信徒の存在は不可欠であり、寄進された土地、田畑は「寺領」として、その寺の維持、運営に貢献した。そうした時代が近代に入るまで長く続いたのである。

ところが明治に時代が変わると、こうした寺院をめぐる状況に根本的な変化が訪れる。まず寺請制度が廃止され、各家は寺院の檀家になることを強制されなくなった。さらに二度にわたって「上知令」が出たことによって、寺領は召し上げられた。寺院は特権的な身分を奪われたわけだが、寺領がなければ、その経済基盤は成り立たない。近代に入った時点で、仏教寺院は危機に瀕したのである。

阿修羅像はなぜ傷んでいるのか？

さらにこの時代、「神仏分離令」が出たことで、それまで習合し融合していた神道と仏教の分離が推し進められ、そこに廃仏毀釈《はいぶつきしゃく》の運動が起こる。これも、寺院の存立を脅かした。

奈良の興福寺のように、神仏習合の信仰が核になっているところでは、とくに廃仏毀釈による打撃が大きかった。興福寺の境内の一部は奈良公園に組み込まれてしまう。現在、公園と境内地の境界が不明確なのは、そのためである。

廃仏毀釈も痛手ではあったが、やはり寺領の没収の方が経済基盤を失うという意味で、仏教寺院にとっては深刻だった。寺領がなければ、収入がない。この時代には、廃寺になったり、荒廃したりした寺院が少なくなかった。

奈良の仏教寺院の魅力を伝える和辻哲郎の『古寺巡礼』（岩波文庫）は、和辻が大正時代、奈良の古寺をめぐったときの記録だが、それを見ると、当時の寺院の荒廃ぶりがよくわかる。たとえば、今日では伽藍の復興が進み、天平時代の姿を取り戻しつつある薬師寺もひどく荒廃し、廃寺に近かった。和辻の文章はそのあたりの状態をリアルに伝えてくれる。

現代において、仏像のなかでも圧倒的な人気を誇る興福寺の阿修羅像も、和辻が奈良を訪れた頃、奈良国立博物館に寄託されたままだった。それも、興福寺には阿修羅像を安置する施設がなかったからである。興福寺の国宝に指定された仏像が、阿修羅像を含め、かなり傷んでいるのも、寺が荒廃し、まともな扱いを受けなかった時期が続いたからである。ほかに、聖林寺《しょうりんじ》の十一面観音像も当時は同じく奈良国立博物館に寄託されたままで、寺にはそれを安置する場所がなかった。

奈良の寺々は、まだ仏教が葬式を担う前の時代に創建されたもので、そうした寺院は、境内に墓地を持たず檀家も存在しない。そのため、寺領没収後は、ほかに収入の道を確保しなければならなかった。だが、まだ交通機関も十分に発達していない時代では、今日のように観光寺院として生き抜くことも難しかった。修学旅行生や団体客が訪れるようになるのは戦後のことである。

むしろ、経済的な基盤を確立できたのは、境内に墓地を持ち地域の住民を檀家としてかかえる一般の寺院であった。墓があり檀家がいれば、寺はその葬式や年忌法要を担うことで経済を成り立たせることができた。まさにそれで「葬式仏教」の道を歩んだことになるが、一般の寺院では、それ以外に生き延びていく道はなかったのである。

必要な檀家は最低でも300軒

仏教寺院は、葬式仏教に傾いたことで、さまざまな形で批判にさらされている。「仏教は、現在、生きている人間のためにもっと貢献すべきだ」という声も上がっている。

しかし、寺領を失った寺院は葬式や年忌法要の際に入ってくる布施をあてにする以外、安定した経営基盤を確立することはできない。その点を無視して寺院を批判するのは、適切ではない。

戦後、寺院経営に危機をもたらしたのが「農地改革」である。それまで仏教寺院は、土地を小作に出し、その収益を寺の維持運営に使うことができた。ところが、農地改革によって、そうした土地も奪われ、寺院の経済基盤はいっそう弱体化する。

一般の人たちの感覚からすれば、宗教活動からあがる収入に対していっさい課税されない宗教法人はうらやましい存在に映る。たしかに新宗教の教団のなかには、莫大な金を集め巨大な宗教施設を建設するところがある。日頃、税金に苦しむ庶民からすれば、宗教法人はひどく優遇されているように見える。

しかも宗教法人では、施設や教団維持のため宗教活動のほかに収益事業を営むことが認められている。収益事業の範囲は広く、あらゆる事業がその対象になる。しかも収益事業からの収入に対しては、一般の法人税よりもはるかに低い税率が適用される。この点でも宗教法人はとくに優遇されているように見える。

しかし、すべての宗教法人に多くの金が流れるわけではない。

話を仏教寺院にしぼるが、観光寺院や祈禱寺院を除けば、収入は葬式や年忌法要の布施だけに限られる。寺も宗教法人であり、たしかに固定資産税もかからないが、逆に、公的な補助は受けられない。憲法には政教分離の規定があり、民間の宗教法人に国や地方公共団体が援助や補助をすることは、憲法違反になる可能性が高いからだ。国庫などの補助があるとすれば、国宝や重要文化財の修復を行うときだ。それは一部の有名寺院に限られる。

そうである以上、一般の仏教寺院は葬式や年忌法要だけで寺を維持していく費用を捻出しなければならない。その際に、基盤となるのが檀家の数である。檀家の数が多ければ、葬式や法要の機会が増え、経済は安定する。逆に、その数が少なければ、寺を維持していくだけの収入を上げることができない。

これは、都会であるか、地方であるかによっても違うが、一般に一つの寺を維持していくためには300軒の檀家が必要だと言われる。1年間に営まれる葬式の数は、およそ檀家数の5パーセント程度である。300軒なら、15件ほどの葬式がある計算になる。これに、これまで紹介してきた日本消費者協会による２００７（平成19）年の調査で明らかになった戒名料を含む布施の全国平均、54万９０００円を掛けると、８２３万５０００円という数字がはじき出される。

第5章で紹介した『寺よ、変われ』の著者、高橋卓志の神宮寺は、長野県松本市の浅間温泉にあるが、檀家は７００軒とかなり多い。２００８年の数字では、檀家の葬式が35件で、これはまさに檀家数の5パーセントにあたる。神宮寺では、檀家以外の葬式も営んでいて、その軒数が20件にものぼる。地方なので戒名料を含む布施の額は全国平均よりも低く、28万円である。それでも件数が多いので、葬式からの収入は総額で１５４０万円になる。

減る年忌法要と無住化の危機

仏教寺院では、葬式以外にも年忌法要などを営めば、やはり布施が入る。最近では、しっかりと年忌法要をやる檀家が少なくなっているし、葬儀の際に、初七日や四十九日の法要をくりあげて済ませてしまうことが増えており、年忌法要の形骸化が進んでいる。亡くなってから１年後の一周忌はともかく、三回忌になるとやらない家も増え、七回忌以降になれば、命日を忘れてしまうことも珍しくない。その点では、年忌法要の際の布施の額は、減少傾向にあるに違いない。

それでも檀家が300軒あれば、年間の収入は1000万円を超えるであろう。しかしこれは寺院の収入であって、住職の収入ではない。住職は、その寺院を単位とする宗教法人の代表役員として、寺院から給料を支給される仕組みになっている。寺を維持するには、掃除や庭の手入れなどにかかる費用も捻出しなければならない。建物の補修費用も要る。それらを差し引いたものが住職の収入になる。

全国に1万4000軒の寺を抱える曹洞宗の場合、住職の平均収入は565万円という調査結果が出ている。これはあくまで平均の数字で、多くの寺院では300万円以下である。

そもそも、すべての寺に300軒の檀家があるわけではない。檀家を増やすには、墓地を広げる必要があるが、それは簡単にはいかない。都会では莫大な土地代がかかるし、周辺住民の反対もある。都会で寺院不足の事態も起こっているが、今のご時世、簡単に寺院を建立することはできない。

農家には、兼業農家があるが、寺院にも、とくに地方では、住職が教師や公務員などを兼職することが多い。定年までは一般の仕事についていて、定年後に住職に専念するケースもよくある。

檀家がいなかったり、その軒数が少なかったりすれば、寺院経営は成り立たず、住職も生活できない。そのため、住職のいない「無住」の寺が増えている。全国には7万以上の寺があるが、そのうち約2万の寺が無住化していると言われる（村井幸三『お坊さんが困る仏教の話』新潮新書）。

最近、寺の本尊となっている仏像の盗難事件が頻発しているが、それも、無住の寺が増え、日頃、管理の目が行き届かなくなっているからである。

戒名料依存の体質が変わらない訳

宗教教団を支えるのは信者である。信者というと、多くの人は、新宗教の信者のことを思い浮かべるであろう。新宗教の教団では、メンバーシップが確立していて、教団に所属している人間は信者としての自覚をもっている。信者ならば、会費を支払っている場合もあれば、教団の発行する定期刊行物を購読している場合もある。

そして、新宗教の信者となった人間は、教団の勢力拡大のために活動する。家族や親族、知り合いを教団の会合などに誘い、新しく信者になるよう説得する。教団の行事にも積極的に参加し、運動を盛り上げていくことに貢献しようとする。

それに対して、既成教団の場合には、信者であるはずの人間もその自覚をもっていない。どこかの寺の檀家になっていれば、それはその寺が属している宗派の信者になっているわけだが、その意識はほとんどもっていない。寺との関係も、店と客のような感覚でとらえていて、葬式などのサービスを提供してもらうことで、料金を支払っているかのように考えている。

しかし、寺は宗教法人であり、檀家はその法人を構成するメンバーであり、つまりは信者である。その点で、寺は檀家のものである。檀家のものであるということは、寺をもり立てていくために活動しなければならないことを意味するが、そうした行動をする檀家は少なくなってきた。とくに都会では、檀家意識は相当に希薄なものになっている。

檀家の布施がなければ、本来、寺は成り立たない。広い土地を所有していて、その地代で潤っているような寺院もないわけではないが、それは特殊で、多くの寺院は檀家の葬式の際の布施や戒名料から維持費を捻出している。ほかに収入源がなければ、葬式に頼るしかない。

現代の仏教寺院がおかれた状況を考えれば、葬式仏教化は必然であり、ほかに寺を成り立たせていく手立てはないとも言える。

葬式仏教を実践するなかで、とくに葬式の機会は重要である。年忌法要への関心が薄れ、盆や彼岸などに墓参りするときを除けば、檀家が寺を訪れる機会はほとんどない。檀家は、墓参りのときに掃除料などをおさめるが、その額は少ない。

そうした状況のなかで、寺院経営において、葬式の際の読経料や戒名料という布施は、その重みを増している。寺としては、葬式の際の布施に頼るしかなく、そこでどれだけの布施をしてもらえるかで、経済基盤が安定したり、危うくなったりする。

布施のなかでも、読経料の方は人件費に近い。導師として何人の僧侶に来てもらったかで、読経料の額も変わってくるが、特別な志がある檀家でなければ、高額の読経料を布施することはない。

それに比較して、戒名料の方は、高額の布施を期待できる。世の中には、とくに都会では、戒名料は高く、そのランクに応じて額が変わってくるという感覚が広がっていて、檀家も、院号居士などランクの高い戒名を授かるなら、高額の戒名料を布施しなければならないと覚悟している。

そこには檀家の側の見栄も働いていて、高額の戒名料をとられたと嘆く人の発言を聞いていると、実際に支払った額をあげるケースが多い。そこには、戒名料の額を周囲に示すことで、自分の家にはそれだけの財力があることを暗に自慢しているところがないとは言えない。

寺の側としては、こうした檀家の心理も利用しつつ、高額な戒名料を布施として得ている。しかも、ランクの高い戒名を授けるには、格別費用もかからない。ランクの高い戒名を授けるなら、葬式も豪華になるし、寺の本堂を改築するときなどにそれに応じて献金額を上げることができる。

戒名料ほど、寺の経済基盤の安定に寄与するものはない。戒名のあり方や戒名料に対する批判があっても、十分な改革が行われないのは、こうした寺院経営の問題が深くかかわっているからである。

檀家という贅沢

考えてみれば、寺の檀家であるということは、それ自体ひどく贅沢なことである。

大昔、寺を建立したのは、国家であり、天皇や豪族などであった。今日残っている奈良の有名寺院の場合、その創建には国家の上層階級がかかわっていて、そのために莫大な出費がなされた。東大寺の大仏などは、まさに国家事業としてその建立が推し進められた。

飛鳥時代や奈良時代に作られた仏像が、今日にまでその美しさを保っているのも、その制作の方法が大量の漆を使うなど、費用のかかるものだったからである。漆は、今でもそうだが、材料費だけでも相当にかかる。しかも、高度な技術が必要で、多くの金をかけなければ美しい仏像はできない。

平安時代に入ると、仏教の担い手は貴族に代わり、さらに武家の世の中が訪れると、武士が担うようになっていくが、貴族も武家も国家の上層階級であり、庶民ではなかった。寺は上層階級のものであり、その檀家になるのも、そうした豊かな階層の人間に限られていた。財力がなければ、生産力をもたない寺院を維持していくことはできない。

それが、近世になり、江戸時代になると、寺は必ずしも上層階級のものではなく、庶民のものに近づいていった。村などにある寺院の場合には、檀家となったのは、みな庶民である村人だった。それでも、村には厳然と身分秩序があり、庄屋などをつとめる村の名家が、主に金を出すことで、村の寺は維持された。

檀家の経済力によって仏教寺院が維持されていく。そうした体制は、現在でも基本的に変わらない。寺院は民間の宗教団体であり、それに檀家として加わるかどうかは任意である。つまり、檀家であることを望む人間だけが、そのメンバーになればいいわけで、江戸時代とは違い、檀家になることが強制されているわけではない。

檀家になるということは、自分の家の死者を弔ってもらう檀那寺を持つということである。寺の住職は、毎日勤めをし、本尊の前で読経などを行う。その際には、寺の檀家になっている故人たちの冥福を祈る。檀家にはそうしてもらっているという意識や自覚がほとんどないが、檀家になることで、私たちは先祖の供養を委託しているのである。

寺における毎日の勤めのなかで、供養の対象になるのは檀家の先祖の霊だけで、そこに属していない人間の霊は対象にならない。その点で、檀那寺を持ち、供養を委託できるということは特権的なことである。

その点で、檀家になるということは、平安貴族が味わっていたのに近い境遇にあることを意味する。昔なら上層階級だけが実現できたことを、一般庶民である私たちも経験できている。そう考えると、いかに檀家であるということが贅沢なものであるかが理解されるであろう。

その特権を護《まも》るためには、それ相応の負担をしなければならない。それは、当たり前の話である。ところが、私たちは、こうしたことを明確に意識もしていなければ、自覚もしていない。いないがゆえに、高額の戒名料を支払わなければならなくなると、強い不満を感じ、寺や住職を批判する。本当にそれでいいのか、檀家の側もその点について考え直してみる必要がある。私たちは贅沢を享受しながら、その自覚が十分ではないのである。

仏教界がなすべきことは、檀家になることの意味を明確にし、それを檀家にも伝えることである。もし、そうした試みがなされるならば、葬式仏教や戒名のあり方に対する批判も、これまでとは違ったものになってくることだろう。

第8章　日本人の葬式はどこへ向かおうとしているのか

柳田國男の恐れたもの

第4章で見たように、日本の民俗学の創始者である柳田國男は、終戦の翌年、1946（昭和21）年4月に刊行された『先祖の話』のなかで、日本人の祖霊観について説明し、その体系化を試みた。この本はたんに民俗学の立場から日本人の信仰を記述したものにとどまらず、戦後の日本人にとってのあるべき信仰を示そうとする「信仰の書」としての性格をもっていた。

柳田は『先祖の話』の序文で、わずか50日間でこの本を書き上げたと記している。しかも、それが連日の空襲下でのことだったと断り、「始めから戦後の読者を予期し、平和になってからの利用を心掛けて」執筆したことを強調している。

じつは柳田の戦時中の日記を見ると、この本の執筆が、本人が言うよりも前から開始されていたことが明らかになる。その点、50日ではなく、執筆にはもっと時間がかかったわけだが、柳田は、自分がこの本に情熱を傾けたことを示すために、短期間でしかも危険な状況のなか、未来を見据えて執筆したことを強調したのである。その意気込みは本から十分に伝わってくる。

それだけ柳田には、戦後、日本の民俗が大きく変容していくことに対する強い危機意識があった。事実、彼の予想はあたった。予想以上の変化が起こったとも言える。柳田が、今広がりつつある直葬の話を聞いたとしたら、驚いて、黄泉《よみ》の国から蘇ってくるかもしれない。

柳田は、『先祖の話』のなかで、日本社会での祖先崇拝の重要性を説く前に、日本人のなかに、「御先祖になる」ことへの強い願望が存在していることを指摘している。

柳田が、東京の南多摩郡にある丘陵地帯を歩き回っていたときに、今の町田あたりで、柳田と同年輩の老人に出会った。その老人は、生まれは越後の高田で、母親の故郷の信州へ行って大工になった。そして兵役に就く前に東京に来て、仕事を建築の請け負いと材木の取り引きに変え、安定した地位と6人の子どもに恵まれた。墓も自分の成功にふさわしいものを用意することができた。

老人は、柳田に向かって、自分は「新たな六軒の一族の御先祖になるのです」と朗らかに語った。柳田はそこに、これまでの日本人が求めてきた成功のイメージが示されていることに感銘を受けたと述べているが、戦後の社会においては、そのイメージがすっかり消滅していくことになるのである。

核家族化で途絶える家の後継者

葬式ということにかんして、それを戦後大きく変容させた一番の要因は、核家族化という事態の進行である。そこには、都市化やサラリーマン化といった現象もともなったが、家族の規模が小さくなり、また家そのものの重要性が低下したことで、葬式のあり方も大きな変化を見せたのである。

その変化を予見させるような出来事が、柳田の『先祖の話』が刊行された年に起こっていた。

1946年の元旦、新聞各紙は、天皇の「人間宣言」を掲載した。昭和天皇は、自らが現人神《あらひとがみ》であることを否定し、国民との関係について信頼と敬愛が基盤であることを強調した。

天皇を現人神として頂点に抱く戦前の宗教的な体制は、戦後になって「国家神道」と呼ばれるようになる。国家神道は、天皇の祖先は記紀神話が示すように、天照大神以下の神であるとした。その信仰の核には、皇室の祖先神を崇《あが》める祖先崇拝の観念があり、それが国民全体の祖先崇拝のモデルとしての役割を担った。

天皇の人間宣言は、直接、天皇の祖先が神であることを否定したわけではないものの、天皇自身が神でないと明確に示したことで国家神道体制の根本は崩れ、天皇制自体も大きな変容を迫られた。

戦前から戦中にかけての天皇家は膨大な財産を所有していたが、戦後、それは国家のものとなった。また天皇をはじめとする皇族の周囲には華族がいて、さまざまな形で皇族を助け、とくに天皇の后《きさき》の供給源にもなっていた。ところが戦後、華族制は廃止され、皇族だけが特別な階層として残ることになった。また、天皇家自体も、近代的な核家族への変容を迫られる。

昔は、家の維持のために、当主が婚外子を家の外にもうけることが容認され、養子も積極的に行われた。そうしたことがないかぎり、長期にわたって一つの家を存続させることは難しい。現代の一夫一婦制のもとでは、男子の継承者がいなくなるという事態が生まれやすい。

それは、皇室についても例外ではなく、実際長い間、皇位継承者の資格をもつ男子が生まれず、近年では天皇制の存続の難しさを指摘する声も上がっている。

祖先崇拝の前提には、死者を祀る後継者の存在が不可欠である。死者を祀る墓や仏壇を守り続ける人間がいなくなれば、伝統的な葬送習俗は成り立たない。戦後は天皇家のみならず日本社会全体で核家族化が進行し、一つの家が何代にもわたって存続することが相当に困難になった。

柳田國男は、戦前に刊行した著作『明治大正史世相篇』において、祖先を祀るとともに、自分の死後は子孫の手によって自分が祖先として祀られることを願う意識を「家存続の願い」と呼んだが、戦後になって、その基盤が崩れていくことになったのである。

仏壇を祀らせる運動として

戦後には都市化という事態が大幅に進行する。とくに1950年代半ばからはじまる高度経済成長の時代には、産業構造の転換にともなって、都市部で大量の労働力が必要とされ、農村がその供給源となった。そのため、村を離れて都市で暮らす人間が増えた。

そのなかでも、学歴も低く、安定した職につくことができない人間が、創価学会などの新宗教に吸収されていくことになるが、それ以外の新たな都市住民の場合にも、故郷の伝統的な信仰の世界から離脱していく。

柳田の祖霊観も、村の暮らしが前提になっていた。村には、山と里の対比があり、盆や正月行事も、村で営まれる農業と密接な関係をもっていた。村祭りの基本は収穫を感謝し、新しい年の豊作を祈ることにある。山の神でもある田の神が、じつは祖霊だという柳田の主張も、村の生活のあり方にもとづいていた。

都市には農業はほとんどなく、商業や工業が中心になる。そこでは農村に伝わる伝統的な信仰や祭礼をそのまま取り入れる余地はない。それは柳田が日本人の信仰の核に据えた祖霊観が成り立たないことを意味する。

新たな都市住民の家には、仏壇がなかった。都会に出てくるときに、故郷から仏壇をもってくる人間は少ない。故郷の実家の信仰を受け継ぎ、仏壇を護るのは長男など跡継ぎの役割で、都会に出てきた人間は、その役割を担わない次男や三男が多かった。

そのため、都会には、仏壇も、そして神棚も祀らない家が急増した。仏壇は祖先崇拝のためのもので、その家に新たに死者が出ないかぎり、仏壇に位牌を祀る必要がなかったからである。位牌がないということは、墓もないということで、新たな都市住民の家庭では、祖先崇拝の信仰が意味をなさなかった。

戦後に伸びた新宗教は、こうした仏壇のない都会の家に、新たに仏壇を祀らせる運動でもあった。ただし、そうした家庭に祀られた仏壇は、故郷の実家にあるものと性格が違った。たんに小さく質素になったというだけではない。そこには本質的な変化がともなった。

創価学会の場合、会員は、入会すると同時に日蓮正宗の信者になり、その証として本尊を授与された。それは、日蓮正宗で信仰の対象となる日蓮の書いた「南無妙法蓮華経」の文字による曼陀羅を書写したもので、その本尊を祀るために仏壇を購入することが勧められた。

そうした仏壇は、本尊の軸がかけやすくなっている「正宗用仏壇」と呼ばれるもので、先祖の位牌ではなく、本尊が祀られた。それは、仏壇本来のあり方に舞い戻ることでもあったが、先祖の位牌を祀らない点で、一般家庭の仏壇とは性格を異にした。

同じ日蓮系の教団でも、霊友会や立正佼成会では、夫婦それぞれの家の戒名をすべて集めてきて、それを合わせて祀るスタイルがとられた。その際の戒名は、「総戒名」と呼ばれ、

「誠生院法道慈善施先祖〇〇家〇〇家徳起菩提心」

という形式をとった。

故郷では、家の継承は父系を通してなされた。ところが、都会にできた新しい家では、父系の系譜も母系の系譜も同じ価値をもった。そこで、父系と母系の双方の戒名を合わせて祀る形式がとられたが、それも代々家が継承されてきたわけではない都会の家のあり方に合致していた。

家の葬式から個人の葬式へ

都会では、家の重要性が低下した。それはとくに都会で増えたサラリーマン家庭に言えることだった。

都会でも、自営業の家の場合には、家はたんに生活の場であるだけではなく、経済活動の単位で、その家を存続させていくことは重要だった。後継者がいなければ、事業の継続もおぼつかなくなる。後継者のいないところは、将来性がないと見なされ、仕事の契約を安定的に得られないこともある。そうした自営業の家庭では、家の重要性が高い分、伝統的な祖先崇拝の信仰を取り入れる傾向が強い。

ところが、サラリーマン家庭の場合には、家庭は生活の場でしかなく、経済活動とは無縁だである。サラリーマンは、毎日企業に出社し、仕事はそこでこなす。仕事と家庭生活とは完全に分離され、その分、家の重要性は低くなる。とくに、仕事という面で、家庭の存在は不可欠ではなくなっていく。

とくに違うのが後継者の問題である。サラリーマンの家の子どもが、親と同じように企業に就職しサラリーマンになることはある。しかし、親と同じ企業に就職することは少ないし、親がしていた仕事を受け継ぐということは基本的にない。たとえ子どもが後継者にならなくても、あるいは子どもがいなくても、親は仕事で困ることがない。そこが農家や自営業の場合とは違う。仕事を続けるためにサラリーマンが家を守り続ける必要はなくなったのである。

家を受け継いでいく必要のある仕事についている場合、葬式は社会的に重要な意味をもつ。喪主になるのは後継者であり、葬式には後継者を披露する役割がある。

ところが、サラリーマンの家では、葬式にそうした機能は期待されない。親が亡くなった場合には、会社関係の人間が葬式に参列することもあるが、仕事をすでに退いている元サラリーマンが亡くなっても、会社関係の人間はそれほど多くは参列しない。

以前なら、それでもまだ、社員の家に死者が出た場合、会社の同僚などがその手伝いをすることはあった。しかし、会社での人間関係もしだいに希薄なものになり、会社の組織が葬式組の代わりをすることもなくなった。

そこには、「家の葬式」から「個人の葬式」への変化が見られる。農家や自営業では家のための葬式であったが、サラリーマン家庭ではあくまで個人のための葬式なのである。

土葬から火葬へ

もう一つ、これはあまり意識されていないことだが、戦後の変化として大きいのは、土葬がすたれ、ほとんどが火葬になったことである。

日本では、古代から土葬が営まれてきたが、奈良時代以降になると火葬も見られるようになっていった。長く火葬と土葬が並存する状態が続いた。

都市では、埋葬する場所の関係や公衆衛生の観点からしだいに火葬が主流になっていくが、戦後すぐの時点では、日本全国で考えると、まだ土葬地帯が多かった。民俗学者の堀一郎の著作『民間信仰』(岩波全書セレクション)には、1950年11月の調査による全国の火葬地帯の地図が掲載されているが、火葬地帯とされているのは、秋田の一部、北陸地域、滋賀の一部、山口から広島にかけての地域、それに香川の一部にとどまっていた。

都市部に生活する人間の感覚では、今では土葬は許されていないかのように思われているが、東京、大阪、名古屋などの大都市で条例により土葬が禁じられているものの、他の地域では決して禁じられているわけではない。私たちが調査した山梨の村のように山間部では、依然として土葬が行われている。

土葬の場合には、棺桶に入った遺体をそのまま土中に埋めるため、時間が経過すると土が陥没する。したがって、その上に石塔を建てることはできない。そこで、「両墓制」というシステムがとられるところもあり、その場合には、遺体を実際に埋める「埋め墓」と、供養のための「参り墓」とが区別される。

現在では、ほとんどのケースで、土葬ではなく火葬で埋葬される。都会では土葬する場所もなく、火葬が当たり前だと見なされている。だが、それも決して古くからのものではなく、戦後日本全体に広がった比較的新しい葬り方である。

土葬から火葬へと代わることで、葬列などがなくなり、霊柩車で火葬場へ遺体を送り出すようになった。ただし、それよりも墓の形態に及ぼした変化の方が大きい。火葬が採用されることで、墓は遺骨をおさめるスペースを持つ場へと変わり、立派な石塔を建てることが一般化した。

日本人が熱心なお墓参り教

これは、土葬から火葬へと変化していったこととも関連するが、墓のある場所が遺族が居住している場所から離れるという事態も生まれている。それは、生者の世界と死者の世界とを遠ざけることにもなったが、「墓参り」というイベントを生むことにもつながった。

土葬する場合には、地域の共同墓地などに埋葬することになり、そこは遺族が住んでいる場所から近い。そのため、改めて墓参りに出掛ける必要がないが、火葬が広まった都会では、しだいに家の行事として墓参りの比重が重くなってきた。

今の日本人にとって墓参りは非常に身近な習慣である。リビング新聞グループが20代以上の女性に対して2002(平成14)年8月に行った調査では、その8割が「1年以内に墓参りに行った」と答えている。

墓参りの慣習は日本以外の東アジアでも共通することで、中国や台湾、韓国では熱心に墓参りをする。沖縄は、墓の形態が本土とは異なっていて、門中墓《もんちゅうばか》という一族の大きな墓があり、墓参りの折には家族、親族がそこに集まって、掃除し、持ち寄った料理を一緒に食べる。墓参りは、家の祭りであるとも言える。

ところが、これがヨーロッパになると、墓参りの慣習はほとんどない。墓をもうけるものの、それは故人を葬る空間にすぎず、残された家族が命日などにその墓に参ることはない。そもそも個人墓が主流で、日本のような家の墓はない。墓参りをしないため遺族も墓の場所を忘れてしまう。墓に参ることがあるとすれば、著名人のものに限られる。それは一種の観光である。

場合によっては、遺体を火葬場に持ち込んだ後、遺族が火葬の終了を待たずに帰ってしまうこともある。遺骨は火葬場で処理され、遺族がそれを持ち帰って墓を作ったりしないのである。

私の義理の弟（妹の夫）はトルコ人でイスラム教徒だが、トルコにも墓参りの習慣はないらしい。松濤弘道《まつなみひろみち》『世界の葬式』（新潮選書）によれば、毎年命日に追悼式をしたりするが、それは家で行われるという。

私の実家で墓参りをしたときにトルコ人の彼も同行したが、彼はそれを「お墓祭り」と呼んだ。お墓参りを聞き間違えたものだが、一族が集まって花や線香などを供える光景は、彼にとって祭りに見えたことだろう。

最近では、墓参りの代行もビジネスとして行われる。都会に墓を求めることは難しく費用もかかる。そこで郊外に墓を求めることになるが、そうなると、高齢者は墓参りが困難になる。それでも墓参りは必要だという観念は強く、そのため代行ビジネスが成り立つのである。

私は、日本人が墓参りに熱心なことをさして「お墓参り教」と呼ぶが、それは祖先崇拝の現代版にほかならない。日本人は自らを「無宗教」と称し、特定の信仰をもたないことを強調するが、墓参りを通して先祖を大事にする感覚はまだまだ強い。

大往生が一般化した時代

高齢化ということも、葬式の意味を変容させる上で、大きな意味をもっている。

死者が出たときに葬式をあげ、墓を作って年忌法要などの供養を続ける背景には、ねんごろに供養されていない死者の霊は祟るという祟りの信仰がかかわっている。

現在の仏教式の葬式の原型は、すでに述べたように、禅宗の葬式にあり、それは修行の途中で亡くなった修行者のためのものが起源になった。修行途中で亡くなった者は、この世に未練がある。その未練を晴らすために、丁重な供養が求められた。

しかし現代において、亡くなる人のほとんどは70代、80代、さらには90代の老人である。100歳を超えて生きる人の数もかなり増えてきた。

80代や90代で亡くなれば、それは「大往生」であり、思い残すことはないと考えてかまわないだろう。本人はもっとやりたいことがあったと思うかもしれないが、そう思えることこそ贅沢である。

高齢者は死んでも未練はない。まして祟ったりしない。その意味で葬式は人生の達成であり生涯の総決算である。遺族に悲しみはあるかもしれないが、故人は十分に生きたという満足感をともなって死の世界に旅立っていったことだろう。

逆に、若くして亡くなった者には、多くの人が天寿をまっとうする時代だけに、悲しみがより強くなる。遺族は、なぜこんなにも早く逝かなければならないのかと後悔の念にかられる。

実際、残された遺族が大黒柱を失って生活に困窮する場合もある。いったいどのようにこれからの人生を組み立てていけばいいのか、途方に暮れることもある。葬式をあげたからといって悲しみや将来に対する不安が解消されるわけではない。葬式は、けじめをつけるためのものではあるが、その点ではまったく無力である。

最後に残るのは墓の問題

この章でここまで見てきたように、戦後において、葬式のあり方、人の葬り方は大きく変わってきた。さらに最近では、第2章で見たように、葬式の規模が小さくなるとともに、葬る場所の選択などでも大きな変化が起こっている。

それも戦後に起こった変化の延長線上に位置することで、核家族化や高齢化ということが、従来の形式の葬式を意味のないものにし、新しい形式の、より合理的なものを求める傾向を生んでいる。

こうした方向での変化は押しとどめることのできないもので、これからはよりいっそうその傾向が強まっていくことになるだろう。高齢者には、家族葬、さらには直葬が基本的なスタイルになり、多くの参列者を集めるような葬式は少なくなっていくに違いない。

葬祭業者は、そうした変化に機敏に対応し、葬式の簡略化を推し進めている。葬祭業者の対応が進まなければ、旧来の形式が存続したかもしれないが、対応が早い分、変化を加速させている。

それでも、簡単に変化していかない部分があるとすれば、それは墓だろう。手元供養なども増えてはいるものの、多くの場合、遺骨を墓に葬るのが一般的である。都会では、死者が出るまで墓がない家が少なくないが、それを機に墓を求めるようになる。

その背景には、墓参り教の信仰があり、一家の象徴的な場所として墓が機能することがある。何か重大な出来事が起こったとき、それを報告する場としては、墓が一番ふさわしい。年忌法要はしなくても、墓参りは欠かさない。そうした家が現在では増えている。

散骨への関心が高まり、アンケート調査をすると、散骨を希望する人間がかなりの割合に達するにもかかわらず、まだまだそれが一般化しないのも、墓参り教の存在が影響している。家に墓があれば、それを護っていかなければならず、自分だけ散骨してもらうわけにもいかない。おそらく、家に墓がある人とない人とでは、散骨を希望する割合も違うであろう。

墓参り教は、仏教の教えとは直接関係をもたない。墓を重視する考え方は、むしろ儒教に由来するもので、墓は寺の墓地に建てなければならないという観念はそれほど強くはない。むしろ重要なのは、墓参りをしやすい場所かどうかである。

墓参り教が維持されても、それは、檀家離れを防ぐことにはならない。寺の檀家にならなければ、さまざまな制約を受けることもないからである。

墓が寺になければ、葬式をどういった形式であげようともかまわない。無宗教式で葬式をあげることもできるし、僧侶を呼ぶ必要もない。戒名だって授かる必要はない。自由度ははるかに高くなる。

しかも、家を代々継承させていくことは相当に難しくなっている。その家に男の子が生まれなければ、家が途絶える可能性が出てくる。墓を護る人間がいなくなれば、墓は「無縁化」する。今、どこの墓地でも、この無縁化の増加という事態に直面している。永代供養墓の増加も、その影響だが、今や従来の墓の形式が実情にそぐわないものになっている。

家を単位とした葬式や葬り方が、今や実情に合っていないのだとも言える。葬式をめぐる変化は、これからも続いていくことだろう。

その変化の全体をながめたとき、方向ははっきりしている。葬式は明らかに簡略化に向かっている。それは、葬式を必要としない方向への変化だとも言える。今や現実が葬式無用論に近づいているのだ。

第9章　葬式をしないための方法

葬式をいっさいしない選択

今や日本の経済はデフレの傾向を強めている。しかも、そこから脱却する方策を見出すことができない。経済成長や景気回復といったことが今後起こり得るのか。それさえ疑問になりつつある。

そんな経済状態のなかで、私たちは生活を守るために極力贅沢をしない方に向かうしかない。いつまでも葬式に多額の金をかけているわけにもいかないのだ。

金をかけないなら、一番簡単なのは、葬式をいっさいしないことである。

死者が出ると、近親者は故人を火葬し、それをどこかに埋葬しなければならない。だが、葬式は不可欠ではない。葬式をいっさい行わず、ただ遺体を処理すれば、それでも済む。

それは現在、急速に増えつつある直葬に近い。直葬が火葬とも呼ばれるのは、火葬が中心の葬式だからである。

戦後、人が亡くなる場所は自宅が一番多かった。1960(昭和35)年の時点で、すべての死亡者のなかで自宅で亡くなる人の割合は70パーセントを超えていた。

だがその20年後の1980年、病院で亡くなる人の割合が50パーセントを超えた。近年では80パーセントを超えるまでになっている。逆に、自宅で亡くなる人は12パーセント程度である。あとは老人ホームが2パーセントで、こちらも増えている。

自宅で死ぬのが当たり前の時代は、「畳の上での大往生」が理想とされる死のあり方だった。しかし最近では、自宅で亡くなると、けっこう面倒なことになる。臨終の場に医師が付き添っていたなら簡単に死亡診断書を出してくれるが、朝起きたら死んでいたといったケースだと、そう簡単にはいかない。

不審死ではないかと警察がやってきて捜査するし、検死(司法解剖)を経て死体検案書をもらわないと、死亡診断書の代わりにならない。

いつ死が訪れてもおかしくはない高齢者がいる場合、かかりつけの医師は「自宅で亡くなったときには、まず自分のほうに連絡して欲しい」とアドバイスする。それも、警察が来たり遺体を検死にまわすことを不要にするためである。

自宅で亡くなれば、火葬を待つまでのあいだ、そこに遺体を安置する。ただ最近では、季節にもよるが、火葬場が混雑しているために、死亡から火葬までに必要な24時間が経ってもすぐに火葬できないことがある。真夏や真冬には死亡者も多く、火葬場は混雑する。自宅に置けなければ、葬祭場、斎場などの遺体安置所に火葬までのあいだ安置しなければならない。病院で亡くなった場合でも、いったん自宅に搬送するか、遺体安置所に運ぶのか、どちらかを選択しなければならない。

完全自前の葬式は可能か

葬祭業者に依頼して、直葬または小規模な家族葬にしてもらう場合、費用は最低で10万円である。一般的には20万円から30万円程度である。葬祭業者は、施主の要望に応じられるよう、いくつかのコースを用意しており、たいがいはそこから選択する。

葬式費用の全国平均の２３１万円から考えれば、直葬など簡略化された葬式の料金は相当にリーズナブルである。これなら諸外国の葬式費用とほとんど変わらない。葬式を贅沢にしたくないなら、直葬や小規模な家族葬を選択すれば、希望はかなりかなえられる。直葬なら、実質的に葬式をしないのと同じだ。

死者が出た場合、健康保険から埋葬料が出る。現役のサラリーマンなら給料の一カ月分が埋葬料として給付される。家族に死亡者が出た場合でも、10万円程度の家族埋葬料が支給される。国民健康保険は自治体によって額が変わるが、３万円から７万円程度の支給となる。葬式費用の全額がまかなえるわけではないが、これによって出費を補うことはできる。

それに、たとえ家族葬でも、家族以外の親族が参列してくれれば、香典が入る。それで葬儀費用の大半がまかなえるかもしれない。香典の慣習は葬儀費用を補助するという目的からはじまっている。

さらに葬式の出費を抑えたいのであれば、すべて自前でまかなうのも不可能ではない。

葬式関係のミニコミ誌に『葬《そう》　フリースタイルなお別れざっし』がある。この雑誌を発行する女性は、葬祭業の会社に2年ほど勤務した経験をもち、そのときに葬儀業界の不透明さを痛感したことがミニコミ刊行の動機になっている。

その『葬』の創刊号には、自前で葬式をあげる方法が特集されていて、簡単なプチ祭壇の作り方や遺体の搬送方法がガイドされている。葬祭業者に頼んだ場合、祭壇に一番金がかかる。自前で作れば、たしかに相当の節約になる。

遺体搬送で一番厄介なのは、体液の処理である。特集記事では「体液が出るのが何より心配です。肝臓を悪くされた方は特に出やすい」と注意事項が記され、吸水シートや防水シート、おむつなどを使って、体液が漏れ出るのを防止する方法が示されている。

ただ、現実的に考えた場合、祭壇や遺体搬送を自前でやるのは相当に難しい。死は突然にやってくるもので、仮に寝た切りの高齢者であっても死亡時期は予想できない。

しかも、遺族は近親者の死に直面して気が動転している。とくに故人が若くして亡くなった場合には、遺族には葬式のことを考える余裕さえない。その点で、葬祭業者に任せるしかないとも言える。そもそも自前で棺桶は用意できない。村で葬式組が作られたのも遺族だけでは葬式があげられないからである。都会には葬式組がないから、業者任せになるのも仕方がない面はある。

いろいろ問題はあるにしても、葬祭業者に依頼して直葬や小規模な家族葬を営むなら、家族、親族以外の会葬者はほとんどいない。会葬者がいないということは、通夜振る舞いなどの飲食費がかからないことを意味する。香典返しの必要も少ない。

全国での平均的な葬式費用231万円のうち、香典返しを含む飲食接待費用は40万1000円である。それを節約できれば、かなり出費を抑えることができる。

僧侶を呼ばなければさらに

葬式で、もう一つ出費を抑えられるのが、戒名料を含めた寺への布施である。全国平均では、そこに54万9000円がかかっている。

もっとも簡単なのは、葬式に僧侶を呼ばないことである。つまり、仏教式の葬式をやめ、無宗教式の葬式をあげるのである。僧侶に導師を頼まなければ、この分の費用はいっさいかからない。

直葬や小規模な家族葬が費用を抑えられるのも、火葬が中心で、僧侶を呼ばないからである。読経がないのは寂しいと、直葬でも、火葬場に僧侶に来てもらい、火葬にする前に読経してもらったりもする。だが、そのときだけなので、通夜と翌日の葬儀、さらには初七日のくり上げ法要の際に読経してもらうのと比べれば、さほど多額の布施をする必要はない。

無宗教式の葬式も最近増えており、葬祭業者も、無宗教式を選択肢の一つにしている。故人の好きだった音楽を流し、焼香の代わりに献花する、一つの形式を作り上げている。

仏教式か無宗教式かを選択する場合、それに関係してくるのが、寺に墓地かあるかどうかである。葬式を出す時点で墓がなかったり、一般の霊園に墓があるという場合なら、無宗教式でまったく構わない。後で問題が起こることはない。

宗派による葬式と墓の自由不自由

これは人の葬り方を考える際の基本だが、その家が寺の檀家であるかどうかは決定的な意味をもつ。檀家ならば、墓の心配をしなくていい分、さまざまな制約がある。逆に、檀家関係がなければ、葬式も墓も自由に選べる。

地方から都会に出てきて、夫婦だけで作った家庭では、その家に最初の死者が出たときに葬式をはじめて経験する。その死者を故郷の墓に葬る場合もあろうが、そうなると墓参りも簡単にはできない。多くは都会に墓を設けようと考える。とりあえず、葬式を出す段階では墓がないとする。

そのとき、無宗教式ではなく仏教式の葬式を選択した場合、葬祭業者に僧侶を紹介してもらうことになるが、そのとき葬祭業者は必ず宗派を聞いてくる。葬式を出す側は、実家に宗派を尋ね、それで家の信仰を確認する。

日本には主な宗派として天台宗、真言宗、浄土宗、浄土真宗、曹洞宗、臨済宗、日蓮宗がある。ほかに、それよりも規模の小さなものとして黄檗宗《おうばくしゅう》、時宗《じしゅう》、融通念仏宗《ゆうずうねんぶつしゅう》、律宗《りっしゅう》、華厳宗《けごんしゅう》、法相宗《ほっそうしゅう》などがある。

それぞれ宗派には、さらにいくつかの派があり、創価学会と長年密接な関係をもってきた日蓮正宗のように、日蓮宗とは対立しているところもあるが、基本的に、葬式を出す場合には宗派の違いだけを意識していればいい。

葬式の方法は宗派によって異なっており、読経の対象となる経典も異なる。日本の仏教では、どの宗派にも共通する経典は存在しない。「般若心経」は、一般にも広く親しまれているが、すべての宗派が取り入れているわけではない。主にそれを唱えるのは、天台宗や真言宗それに禅の系統の宗派である。

すでに述べたように、宗派によって戒名の形式が違うところがある。これは、都会と故郷で二度にわたって葬式を行ったり、葬式は都会で行うものの、納骨は故郷の寺でする、というときに起こることだが、故郷の寺とは異なる宗派の戒名がついていると、トラブルになったり、改めてつけ直さなければならなかったりする。

しかし、実家の墓に葬らないというのであれば、宗派の違いは意味をなさない。葬式の導師としてどの宗派の僧侶に頼もうと、それは遺族の自由である。

もっとも、自分とまったく関係のない宗派の僧侶に来てもらうわけにもいかず、実家や親類に聞いて、家の宗旨を確認することになるが、重要なのは、たまたま来てもらった僧侶とのあいだには寺檀関係がなく、その関係は基本的にその葬式限りのものだということである。

寺檀関係のない僧侶のぼったくり

寺の墓地に墓があり、その寺の檀家になっていれば、それは宗教法人としての寺のメンバーになっているということであり、いわばその信者になっているということである。

信者であれば、寺を支えていく役割を果たさなければならないし、寺のしきたりにも従わなければならない。そうなると、葬式の際には、寺の住職に導師を頼まなければならない。寺が遠くにあって、葬式は別の僧侶に依頼するにしても、墓に納骨する際には、寺の手を煩わせなければならない。檀家が勝手に納骨するわけにもいかない。

一番重要なことは、檀家になっている寺から戒名を授からなければならない点である。寺請制度がなくなった今日では、それが法律などで強制されているわけではない。だが、寺と檀家関係を結び、その信者になっている以上、寺の経済を支えるために戒名料を支払い、戒名を授かることは檀家としての義務になっている。

そうしたしきたりに従いたくないというならば、檀家関係を解消するしかない。墓を寺の墓地から一般の霊園に移せば、檀家関係など結ぶ必要はない。私の家でもしたことがあるが、故郷の実家の墓を処分し、遺骨を都会にもってくるというときに、そうしたやり方をすれば、それ以降檀家としてのつとめを果たす必要はいっさいなくなる。

それは、戒名のことに煩わされる必要がなくなるということを意味する。

すでに見たように、戒名を仏教に入信した証ととらえるべきだという議論もあるが、特定の寺に檀家として葬られる際に与えられる死後の名前と考える方が現実に即している。逆に、寺の檀家にならないのであれば、あるいは寺の墓地に埋葬されないのであれば、戒名など必要ではない。

したがって、葬祭業者に紹介してもらった、その場限りの関係の僧侶に戒名を授けてもらう必要はない。戒名を授からなければ、戒名料を払う必要もない。

寺檀関係を結んでいない僧侶に院号のついた戒名をつけてもらい、その対価に高額な戒名料の支払いを要求されたとすれば、それは大きな問題である。高い戒名料を請求する僧侶がいるなら、その僧侶は「ぼったくり」と言われても仕方がない。

戒名料の相場は存在するが、その相場も寺檀関係が成り立っていることが前提である。ランクの高い戒名は、その寺の檀家として寺に十分な貢献をする意志があることの表明であり、だからこそかなりの額を布施するわけである。

どの寺とも檀家関係を結んでいないにもかかわらず、どうしてもランクの高い戒名が欲しいというのであれば、本人が生前につけておくなり、遺族が死後に考えてつければいい。

たとえ本人や遺族がつけた戒名でも、遺骨を一般の霊園に葬るのなら問題は起こらない。墓誌には自前でつけた戒名を刻めばいいのである。

作家と戒名

実際、自分の戒名を自分でつけてしまった人がいる。

たとえば作家の山田風太郎の戒名「風々院風々風々居士」は、作家自身が生前につけたものである。こんな風変りな戒名は、本人でなければつけられない。

自分でつけるのは難しいというのであれば、誰か他人につけてもらえばいい。昔の有名な作家は、けっこう他人の戒名をつけている。

文豪・森鷗外は、母親の戒名をつけたし、友人の文学者・上田敏《びん》の戒名もつけた。明治時代の文学者・評論家だった斎藤緑雨《りょくう》の戒名「春暁院《しゅんぎょういん》 緑雨醒客《りょくうすいきゃく》」は幸田露伴《こうだろはん》がつけたものだ。

じつは私もこうした例にならい、叔父二人の戒名をつけた。それも、墓が都営の多磨霊園にあるからで、どの寺とも寺檀関係を結んでいないので、僧侶に戒名をつけてもらう必要がないのである。

すでに説明したように、戒名が死後の勲章の性格をもち、故人が送った生涯や業績、性格を集約するものであるならば、本当は、故人のことをよく知らなければ、戒名はつけられないはずである。

寺檀関係を結んでいても、その寺の住職が故人をよく知っているとは限らない。僧侶の側も故人を知らなければ、どんな文字を使うのかに苦慮する。

まして、葬祭業者の紹介で導師をつとめた僧侶は、故人をまったく知らない。故人を知らないままつけるのは、戒名の性格に矛盾している。遺族が満足し納得できる戒名が授けられるわけもない。

であるなら、故人を知る家族や親族あるいは友人、知人の方が、よほど故人を彷彿とさせる戒名をつけることができるのではないだろうか。

戒名を自分でつける方法

では、戒名を自分でつける場合、どうしたらいいのだろうか。それは、さほど難しいことではない。

僧侶の場合でも、実は、戒名のつけ方について教えられているわけではない。それも、すでに述べたように、戒名が仏教の教えにも、宗派の教えにも直接結びつかないからである。

そのため、僧侶向けに戒名のつけ方のマニュアルが刊行されている。そうした本では、どういった字を選べばいいのかが解説されている。あるいは、戒名をつけるためのコンピュータ・ソフトも開発され、販売されている。

コンピュータが選んだ戒名を授けられるというのであれば、そのありがたみは一気に薄れる。それなら戒名は自前でつけた方がいいと考える人も少なくないだろう。

まず、宗派のなかで一番簡単な戒名は、それを法名と呼ぶ浄土真宗のものである。男性なら釈○○、女性なら釈尼○○で、基本的には院号がつかない。浄土真宗の開祖、親鸞は、僧侶の身でありながら妻帯し、僧侶の妻帯を一般化することに貢献したが、この宗派において、妻帯した僧侶と俗信徒とを区別する敷居は低い。法名にも、そうした親鸞の考えが反映されている。要は平等主義が浄土真宗の特徴なのである。

釈○○という法名では、○○のうち一字を俗名から選ぶ。あとは、その人間の人柄を示すような文字を選び、組み合わせればいい。私の場合だったら「裕巳」なので、釈義裕とか、釈裕満などとすればいい。動物をあらわす字は戒名、法名には使わないのが一般的で、ヘビを意味する巳の字はふさわしくない。

この義裕や裕満は、他の宗派の戒名においても、狭い意味での戒名の部分に使うことができる。次に必要なのは、狭い意味での戒名の上につく道号の部分で、そこには、年齢にふさわしい字や、その人間がしてきたこと、あるいは性格などを表現する字を用いることになる。

私の場合は、宗教学という学問を実践してきたので、学という字を使えばいいし、あるいは、文筆業で生活を成り立たせているので、筆などもいいかもしれない。

仮にこの二字を使えば、学筆となり、狭い意味での戒名として作った義裕や裕満と組み合わせれば、学筆義裕信士とか、学筆裕満居士といった戒名ができる。これが基本となる戒名である。

院号ともなれば、故人の業績を示すものがふさわしい。たとえば、鉄道ものの著作で名高い宮脇俊三には「鉄道院周遊俊妙居士」という戒名がつけられている。これは、僧侶がつけたものではなく、妻と娘たちとの合作で、一部では本人がつけたという話も伝わっている。

鉄道院とは、まさにそのものずばりだが、この自前の戒名は原則に極めて忠実なものである。

俗名も入っているし、周遊には鉄道ファンとしての故人の姿が示されている。妙の字が日蓮宗の檀家ということで使われているのなら、完璧である。逆に、一目で故人を彷彿とさせるこのような戒名を僧侶がつけるのは難しい。

あとは、浄土宗なら「誉」の字を、日蓮宗なら「日」か「妙」を含めればいいわけで、戒名の作り方はそれほど難しくない。

火葬するのも贅沢

葬式は直葬か家族葬にし、戒名は自前でつける。その後は、一周忌や三回忌などに家族が集まって食事をする。年忌法要は寺院に頼まない。そうすれば、人を葬ることに金はかからず、贅沢にはならない。とても全国平均の葬儀費用、231万円など必要ではない。

最後に残されるのは墓の問題である。

それも、最近では、第2章で見たように、さまざまな選択肢が増えてきた。散骨や自然葬、あるいは手元供養などにすれば、墓を求める必要はなく、多額の出費をしなくてもすむ。

ただ問題は、どこでも遺骨を撒いていいというわけではないという点にある。誰の所有地でもない場所や散骨場でなければ、それは難しい。公海上に撒くには、船でそこまで行く必要があるし、山ならそこまで登らなければならない。

散骨を望みそれを実践するのは、おそらくはまだ墓のない人たちだろう。墓があれば、そこへの埋葬を第一に考える。それに、その墓を護っていかなければならない責任もある。すでに墓に埋葬された先祖の遺骨を取り出し、それを散骨することも可能だが、先祖がそれを望んでいたわけではないので、子孫にも抵抗がある。墓があると簡単に散骨することは難しい。

逆に一番金がかかるのが、新たに寺の墓地に墓を求め、檀家関係を結んだ場合である。檀家であること自体が一般の庶民にとっては贅沢なのだから、その分の出費を覚悟しなければならない。

それが嫌なら、公営の墓地や民間の霊園という選択が考えられる。どちらの場合にも、檀家関係を結ばないので、戒名を授かる必要はなく、多額の戒名料を支払う必要はないし、葬式の形式も自由に選択できる。

ただ、墓石を建てるにはかなりの費用がかかる。昔は、加工の手間がかからない大谷石が用いられることが多かったが、時間が経つと崩れてしまう。今では、御影石が主流になった。石にも値段の違いがあり、立派な石を用いれば、それだけ費用もかかる。

最近では、独立した墓地を求めず、屋内に納骨するスペースを確保するマンション形式の納骨堂が増えている。都会では、生きているあいだも、亡くなった後も、一戸建てではなく、マンションに住み続けるというのが、一般化しようとしている。

もし、都会に本格的な墓地を求めようというのであれば、相当な出費を覚悟しなければならない。

すでに述べたように、日本人には墓参り教の信仰がある。その信仰からすれば、墓参りの対象となる墓は、できるだけ住んでいる場所の近くにあった方がいい。その点で、都内、とくに都心に住む人間には青山霊園は魅力がある。しかし、そこに墓地を求めることは相当に贅沢だし、希望者が多く、実現するとは限らない。

葬式はしなくてもいいが、遺骨はどこかに葬らなければならない。最後に残されるのは、墓の選択であり、その解決はかなり難しい。

火葬することが贅沢だという見解もある。火葬するには石油やガスを使う。それは、二酸化炭素を排出することにつながる。これから死者の数が増えていけば、排出量は必然的に増える。だったらその削減のためにもう一度土葬に戻した方がいいのではないか、宗教学者の山折哲雄氏はそう提唱している。

第10章 葬式の先にある理想的な死のあり方

死んだ子どもの思い出に創設されたスタンフォード大学

動物なら、死んだ後には何も残らない。肉が腐り骨が砕ければ、その動物が生きた痕跡は残らない。動物園の動物は、人間がその動物が飼われた証を残そうと努力するので記憶されることもあるが、それは極めて特殊な事例である。動物園でも、ほとんどの動物は死ねば忘れられる。

ところが人間だけは、死後に何かを残そうとする。それは、本人の願望であることもあれば、家族、遺族の希望であったりもする。

私はかつてアメリカの西海岸にある有名大学の一つ、スタンフォード大学を訪れたことがある。そこには広大なキャンパスが広がっていて、理想的な教育環境、研究環境が整えられているように見えた。

スタンフォード大学の正式な名称は、リーランド・スタンフォード・ジュニア大学と言う。

大学の設立者は、大陸横断鉄道、セントラルパシフィック鉄道の生みの親となったリーランド・スタンフォード夫妻だった。夫妻の子どもは、腸チフスで早くに死んだ。そこで夫妻は亡くなった子どもの名前、リーランド・スタンフォード・ジュニアを残すために大学を創立した。理想的な教育環境を用意することで実の子どもが果たせなかった夢を若い世代に託したのである。

人間が死んだ後、何かが残るということは、その人の生きた証がそこに見えるということである。人は、死後に何かを残すことを目標に奮闘し、頑張っているとも言える。

死後に何も残らないとどこか悲しい。遺族も周囲の人間も、故人が残したものにふれることで、改めて本人の生涯の意味に納得し、そこに慰めを見出す。

一般の人でも会社を起こしたり店をはじめたりすればそれが残る。農民なら丹精込めて作り上げた美田が残る。人は仕事を通して何かを残す。子どもを残し、家族を残す人もいる。

昔から、宗教の世界で「寄進」ということが行われてきたのも、死後に形のあるものを残したいという願望のあらわれである。

今日に残る宗教的な建築物は、どの国においても寄進によって建てられた。そこは礼拝を行うなど宗教活動の実践の場としての役割があるが、たんにそうした目的のためだけに建てられたのではない。その証拠に、そうした宗教的建築物は贅を尽くした豪華なものである。

生きているあいだにいくら金を儲けたとしても、それをあの世にもっていくことはできない。生きているうちに使わなければ、それは別の誰かのものになる。どうせなら、もっと多くの人たちに役立って欲しい。そうした思いを実現する寄進という行為は、人が生きた証としての意味をもつ。

葬式は、いくら金をかけてもその場かぎりのもので何も残らない。参列した人々の記憶に残るだけである。

ならば、具体的に死後に何かを残した方がいい。それだけの経済力があるのなら、葬式に金をかけるよりも、よほど有意義なはずである。

裕次郎でさえ寺は残せなかった

しかし今の時代、大学であろうと、宗教施設であろうと、それだけ大規模なものを残すのは、昔よりもはるかに難しくなっている。

マイクロソフト社の創業者ビル・ゲイツなどは4兆円近い資産を保持し、慈善活動の財団を創設しているが、巨大な宗教施設を作ったりはしない。これは現代の富豪全般に共通して言える。

その難しさが具体的に示されたのが、昭和の大スター、石原裕次郎の葬られ方である。

バブル経済の絶頂期に行われた石原裕次郎の葬式は、その時代にふさわしく規模の大きい、まさに贅沢なものであった。葬式は青山葬儀場で行われたが、そこには3万人ものファンがつめかけた。祭壇の遺影は5尺×6尺、1メートル50センチ×1メートル80センチからなる相当に大きなもので、故人愛用のベンツのスポーツ車も飾られた。

祭壇だけならたいしたことはないが、故人が歌手でもあっただけに、ステージも設けられ、二つのビッグバンドが故人の生前のヒット曲をメドレーで演奏した。葬式の導師をつとめたのは曹洞宗の大本山、總持寺の貫首だった。

まさに戦後の大スターにふさわしい葬式と言えるが、ファンは裕次郎のスター性にふさわしい並外れて豪華な葬式に満足したことであろう。この葬式は故人の生前の活躍とともに多くの人の記憶に残った。

裕次郎が活躍したのは、日本が飛躍的な経済発展をとげ、豊かさを実感できるようになった時代であり、豪華な葬式には、そうした時代背景も影響していた。

それは、その2年後に行われた美空ひばりの葬式についても言える。こちらは地方の七つの会場にも衛星中継され、会葬者は全部で7万2000人にも達した。

2009（平成21）年には、裕次郎の二十三回忌法要が営まれたが、それも、相当に贅沢なものとなった。

その10年前の十三回忌法要は總持寺で行われたものの、13万5000人ものファンが殺到して混乱した。そこで、二十三回忌は国立競技場で営まれることになった。ふだん陸上競技やサッカーなどが行われる競技場は、法要にふさわしい場所とは言えないが、競技場内には臨時で總持寺の本堂そっくりの寺、「裕次郎寺」が建てられた。

この裕次郎寺は、高さ約17メートル、間口は約36メートルあり、總持寺内の三松閣の釈迦如来坐像が本尊としてもちこまれた。その点で、臨時とは言え、立派な寺である。総工費は10数億円と言われ、120人もの僧侶が読経した。競技場につめかけた参列者は約3万5000人で、献花には12万人近くが訪れた。

ただし、裕次郎寺は二十三回忌法要のための臨時の施設で、法要の後はとり壊された。それが恒久的な施設なら、ファンはいつでも訪れることができたはずだが、やはり石原軍団としてもそれだけの財力はなかったということだろうか。

PL教団の花火は葬式だった

大阪に本部をおく新宗教の教団に、PL教団がある。この教団は戦前、「ひとのみち教団」を名乗っていて、かなりの規模を誇ったが、その組織力が警戒され、大規模な弾圧を受けた。現在、PLの名は高校野球の名門校であるPL学園の存在を通して一般によく知られている。

PL教団は一年に一度、8月1日に花火大会を催す。打ち上げ会場は教団が所有するゴルフ・コースで、見物には信者以外の一般の人も数多くつめかける。それは、そのとき打ち上げられる花火が飛び抜けて豪華なものだからである。

なにしろ打ち上げられる花火の玉数は12万発にも及ぶ。東京の名物、隅田川の花火でも2万発で、東京湾大華火祭りになると、PLの10分の1の1万2000発にしかならない。

PLの花火でとくに圧巻なのはフィナーレ部分で、そのときは8000発もの花火が一挙に連続して打ち上げられる。私もこの花火を見たことがあるが、空全体が花火で埋め尽くされる感じがした。これほど豪華な花火大会はよそでは経験できない。

この花火大会は、隅田川などとは異なり、観光のためのものではない。また、たんなる人集めのイベントでもない。あくまで教団の宗教行事で、正式名称は「教祖祭PL花火芸術」である。初代教祖の御木《みき》徳一《とくはる》はその晩年に「自分が死んだら嘆いたりせずに花火を打ち上げて祝ってくれ」と述べていた。徳一が亡くなったのは戦前の1938（昭和13）年のことだが、命日の花火の打ち上げは戦後の1953年からはじまっている。

PL教団の教義の筆頭には「人生は芸術である」ということばが掲げられ、教団では表現行為を重視している。花火という発想はそれにもとづくもので、教団ではこの教祖の遺志にもとづいて、毎年盛大な花火大会を催してきた。これほど贅沢な年忌法要もないだろう。

しかも、花火は教団の信者でなくても見物できる。新宗教の教団はたいがい閉鎖的で、信者だけの利益を追求することになりがちである。その点では、葬式の代わりに花火を派手にあげるのは、一種の社会貢献である。

葬式で儲ける⁉

葬式は、亡くなる本人の問題である一方で、遺族の問題でもある。実際的な機能ということでは、むしろ遺族にとっての方が重要である。なにしろ故人は亡くなっているわけで、生前契約したり、きつく遺言していないかぎり、どういった葬式をあげるかは遺族に決定権がある。

遺族にとっては、まず第一に葬式はけじめである。故人が亡くなり、すでにこの世の人ではなくなったという事実を葬式を通して確認する。死の確認は、家族だけの問題ではなく、親族や故人の友人、知人などの問題でもある。

いくら高齢で大往生だったとしても、遺族には掛け替えのない肉親を失ったという悲しみが残る。まして、大往生とは言えない年齢での死であれば、遺族の悲しみは強い。一家の大黒柱を失えば、これからの生活をどう成り立たせていくのかも考えなければならない。

逆に、故人がずっと寝た切りなど、介護を必要とした状態にあったとすれば、悲しみとともに安堵の気持ちも生まれてくる。それでも、十分に故人のためになれたのかどうか、それを問うようになったりもする。

葬式がそうした気持ちの整理の場として十分に機能するかどうか、あわただしくことが進んでいくなかでは、なかなかそうもいかない。それでも、葬式をあげなければ、けじめをつけるためのきっかけも生まれない。

なかには、たんに葬式でけじめをつけるだけではなく、それを通して今後の生活の糧を確保するような強者もいる。

ある高名な学者の葬式での話である。

その学者は、たんにアカデミズムの世界で活躍するだけでなく、現実にも深くコミットして、さまざまな形で社会的に活躍していた。

したがって、その学者が深くかかわった組織も数が多く、友人、知人、関係者の数は相当なものになった。葬式は青山葬儀所で行われた。それだけでも規模の大きな葬式だったことがうかがえる。

葬式の規模が大きくなれば、それだけ費用はかさむ。葬式には1200万円かかったらしい。このエピソードの鍵を握るのが、学者の夫人である。彼女も仕事を通して、大いに活躍した経歴をもつ。ただ、その分、並外れた傑物でもあった。

彼女は、生前の夫が深くかかわり、葬式を取りしきってくれた組織の代表などを呼び、葬式の費用について相談をもちかけた。とても1200万円など払えないというのである。

そこで、それぞれの組織は負担を検討した。通常、そうした葬式の費用を捻出するのは難しいが、夫人に泣きつかれ、組織の責任者は対応せざるを得なかった。なんとか、それぞれの努力で葬式の費用を出すことができた。

夫人は、費用の問題をすべて処理した後、関係者の一人に打ち明けた。夫の葬式で800万円が儲かったというのである。大規模な葬式は参列者の数も多い。実際には香典で葬式の費用の3分の2が賄えていたことになる。夫人は関係者にその点を明らかにしなかった。関係者がひどく迂闊《うかつ》だったとも言える。

通常、誰か他人に葬式の費用を負担してもらうことはできない。だが、参列者が多ければ多いほど香典の額が増えるから、なんとか参列者を増やすという手はある。遺族は故人がいなくなった後も生き抜かなければならない。贅沢な葬式は、遺族のその後の生活を支える場になるかもしれない。そうした場合には、贅沢な葬式も不要とは言えないのである。

派手な葬式と戒名で財産を使いきる

葬式によって遺族が、一家の大黒柱亡き後の生活費を稼ぐのも、やむを得ない一つの手段だが、逆に何も残さないことが、遺族の幸福につながることもある。

一人の人間が亡くなるということは、その人間が所有していたものが後に残されるということを意味する。つまり財産を持つ人間が亡くなれば、その財産が残るわけである。財産には土地建物、預貯金、株、会員権などが含まれる。

逆に借金が残る場合もあるが、財産が残れば、そこに相続の問題が生じる。故人には相続人がいて、相続人に財産が譲り渡される。相続人が一人なら格別問題は起こらないが、一般的には複数の相続人が存在する。

遺産の額がそれほど多くなければ、単純にそれを人数割りにして、それで問題も起きないが、不動産を含んだりして相続額が高いともめることが多い。

不動産を処分し、他の遺産と合わせて、法律で定まった割合で、それを分配すればいいはずだが、不動産を処分しないで誰かがそのまま受け継いだり、さらにはそこに生前における故人の介護の問題などがからむと、分配も簡単にはいかなくなる。

ある程度の額の遺産があった場合、相続で何ももめなかったという例は少ない。直接相続する人間だけではなく、相続人の配偶者や親族などもからんできて、問題は複雑化する。兄弟姉妹が相続でもめ、関係が極度に悪化したり、人間関係を断つ例も決して珍しくない。

親は、子どもに財産を残したいと思う。財産は、自分が人生を頑張り通し、その結果、成功を勝ち得た証でもあるからである。

しかし、親の思いとは裏腹に、財産があればあるほど、相続のときにもめる。それだったら、遺産などない方がいい。生前、財産の大半を寄付する人もいるが、葬式で贅沢をし、金を使いきるのも案外、相続にまつわるもめごとを避ける手立てになるかもしれない。

葬式は、その対象となる本人が仕切るわけにもいかず、遺族に任され、それで葬式の場やその準備の過程でもめ事が起こったりもするが、最近では、「生前契約」という方法もある。葬式のやり方などを生前に契約しておく遺言の一種である。そうした契約がなされていれば、故人が望む葬式をあげることができる。

それを利用して、財産を葬式の際に使ってしまい、後に残さないというのも、遺族にとってはかえってもめ事の種がなくなり、好ましいことかもしれない。

ただ、人間はいつ死ぬか、予想ができないわけで、葬式をあげた時点で、財産をすべて使いきった状態にするのは至難の業である。財産を使いきって死ねれば、それは格好いい生き方になるが、よほど緻密な計算をしないとそうはいかないだろう。

本当の葬式とは

最後に私が感銘を受けた死のあり方について述べてみたい。

それは、私の大学時代の恩師の一人、脇本平也《わきもとつねや》が亡くなったときのことである。脇本先生は

1921（大正10）年の生まれで、享年87歳だった。年齢からすればまさに大往生で、亡くなる寸前まで意識もしっかりしていたという。生前には紫綬褒章も受章している。

脇本先生は、からだにかなりの痛みを感じていたようだが、そのなかで死を覚悟し、長い時間をかけて、死に向かう準備をしていた。そのことが、死後に残された手帖に記されていて、葬儀の際に、葬儀委員長から披露された。

死後になると、故人の預貯金の処理はけっこう面倒なことになるのだが、先生は、そういう点にも配慮を怠らず、遺族が困ることがないよう、死の準備をしてから亡くなったというのである。

この話を聞いて、私は、周囲の人々に対して絶えず配慮を怠らなかった脇本先生の人生そのままだと感じ、感動した。そして、改めてかけがえのない恩師を失ったという思いにかられた。

人生の最期をどう迎えるか、それは人生の掉尾《とうび》を飾る仕事であり、自らの人生の総決算を行うということである。誰だって、死が近づいてくれば、それを恐れ、少しでも長く生きたいと考える。

だが、人生は有限で、いつか終わりを迎えなければならない。最期をどう生きたかは、葬式に反映され、故人を弔うためにその場に集まった人々に何らかのメッセージを残す。

その意味で、重要なことは、最期をいかに生きるかに尽きる。残された人々に、本当にかけがえのない人を失ったという気持ちを起こさせるものであるなら、葬式の形式や内容は問題ではなくなる。

なかには、最期の準備をする間もなく、突然亡くなる人もいる。働き盛りで亡くなる人もいれば、まだ社会的には何ごともなさないまま若くして亡くなる人もいる。難病や事故で子どもが亡くなることもある。

そんな場合には、残された者は、ただただそれを悲しむしかない。その際には、いかなる葬式も無力で、遺族や知人、友人を慰める役割を果たせない。遺族が深い悲しみにある状態のなかで、葬式をあげなければならないということ自体が、辛くて悲惨なことに思えてくる。

その意味では、大往生できるということは、本人にとっても、残される家族にとっても、一番の幸福であるとも言える。故人を弔うための場に集った人のなかに、故人はもう十分に生きたという思いが生まれるものであるなら、死をことさら悲しむ必要はないし、むしろ、故人が立派に生き抜いたことを素直に喜べばいい。そんな葬式なら無用とも言えない。

そこでは、涙と笑いが交錯することになる。どんな葬式でも、会葬者同士が久しぶりに再会する場面がよく起こる。故人の死が、長く離れていた生者の再会をとりもつことになる。それも故人の功徳であり、遺族や参列者はその恩恵を被ることができる。

一人の人間が生きたということは、さまざまな人間と関係を結んだということである。葬式には、その関係を再確認する機能がある。その機能が十分に発揮される葬式が、何よりも一番好ましい葬式なのかもしれない。そんな葬式なら、誰もがあげてみたいと思うに違いない。

最期まで生き切り、本人にも遺族にも悔いを残さない。私たちが目指すのはそういう生き方であり、死に方である。それが実現されるなら、もう葬式がどのような形のものでも関係がない。生き方とその延長線上にある死に方が、自ずと葬式を無用なものにするのである。

おわりに

昔から、葬式無用論を唱える人たちはいた。その点については本文中にもふれたが、これまでの日本の社会は、葬式をしない方向に進んではこなかった。

それは、葬式を必要とする社会的な背景があったからだ。しかし、今やそこに大きな変化が起こりつつある。近年、葬式の簡略化が大幅に進んでいる。それはやがて、葬式を実質的に無用なものにしていくであろう。

昔は、あえて葬式無用論を声高に唱えなければ、周囲の人々の耳をそばだたせることができなかった。ところが、今では、その必要もなくなっている。葬式無用論に向かう自然な流れができつつあると言える。

以前の村落共同体では、社会的に逸脱した行為に及んだ村人に対する制裁として「村八分」が行われた。今でも一部では、そうした制裁が課されることがある。

村八分のなかで、制裁から除外されるのが火事と葬式である。遺体を放置すれば、それが腐敗し、伝染病などを引き起こすことにもなるからだが、やはりそれだけ葬式というものが村の生活のなかで重視されてきたからであろう。

しかし、村落共同体の力が衰え、もう一つの共同体である家族の役割が低下して、共同体の行事としての葬式の意味は変わった。死はあくまで個人のものとなり、共同体のものではなくなった。そうなれば、葬式の必要性は薄れていく。

葬式無用の流れは、もっぱら葬式を担うことでその存在意義を示してきた仏教、いわゆる「葬式仏教」を衰退させることにもつながっていく。葬式仏教の成立は、近世のはじめ、今から400年ほど前のことだが、その基盤が崩れつつある。

しばらくのあいだは、人口構成の関係で死者の数が増えていく時代が続く。そのために、急速にその事態が顕在化していくことはないかもしれないが、死者の数が減少するような時代になれば、一気に事態は変わるかもしれない。

葬式仏教が衰退し、葬式を無用なものにする動きが強まっていく。それは歴史の必然であり、その流れを押しとどめることは難しい。すでに私たちのこころのなかには、葬式など要らない、葬式仏教など必要ではないという気持ちが生まれている。

自分自身のことを考えてみても、死んだとき、どうしても葬式をして欲しいとは思わない。戒名については、本文中でも述べたように、俗名で葬られるのが我が家のしきたりにもなってきている。別に自分から指図をするつもりはなく、すべては家族に任せたいと思うが、その頃には、葬式無用の流れはいっそうはっきりとしたものになっているに違いない。

二〇一〇年一月六日　島田裕巳

著者略歴

島田裕巳《しまだひろみ》

一九五三年東京都生まれ。宗教学者、文筆家。

東京大学大学院人文科学研究科博士課程修了。

放送教育開発センター助教授、日本女子大学教授を経て、

現在は東京大学先端科学技術研究センター客員研究員。

おもな著作に『日本の10大新宗教』『平成宗教20年史』(ともに幻冬舎新書)、『創価学会』(新潮新書)、『無宗教こそ日本人の宗教である』(角川oneテーマ21)、『金融恐慌とユダヤ・キリスト教』(文春新書)等がある。

幻冬舎新書 157

葬式は、要らない

二〇一〇年一月三十日 第一刷発行
二〇一〇年二月二十五日 第五刷発行

著者 島田裕巳
発行人 見城徹
編集人 志儀保博
発行所 株式会社 幻冬舎
〒一五一-〇〇五一 東京都渋谷区千駄ヶ谷四-九-七
電話 〇三-五四一一-六二一一(編集)
〇三-五四一一-六二二二(営業)
振替 〇〇一二〇-八-七六七六四三
ブックデザイン 鈴木成一デザイン室
印刷・製本所 株式会社 光邦

Printed in Japan ISBN978-4-344-98158-4 C0295
し-5-3
幻冬舎ホームページアドレス http://www.gentosha.co.jp/
*この本に関するご意見・ご感想をメールでお寄せいただく場合は、comment@gentosha.co.jp まで。

幻冬舎新書

日本の10大新宗教
島田裕巳

創価学会だけではない日本の新宗教。が、そもそもいつどう成立したか。代表的教団の教祖誕生から社会問題化した事件までを繙きながら、日本人の精神と宗教観を浮かび上がらせた画期的な書。

平成宗教20年史
島田裕巳

平成はオウム騒動ではじまる。そして平成7年の地下鉄サリン。一方5年、公明党（＝創価学会）が連立政権参加、11年以後、長期与党に。新宗教やスピリチュアルに沸く平成の宗教観をあぶり出す。

右翼と左翼
浅羽通明

右翼も左翼もない時代。だが、依然「右―左」のレッテルは貼られる。右とは何か？　左とは？　その定義、世界史的誕生から日本の「右―左」の特殊性、現代の問題点までを解明した画期的な一冊。

大学病院のウラは墓場
医学部が患者を殺す
久坂部羊

医者は、自分が病気になっても大学病院にだけは入りたくない――なぜ医療の最高峰・大学病院は事故を繰り返し、患者の期待に応えないのか。これが、その驚くべき実態、医師たちのホンネだ！

幻冬舎新書

林成之
脳に悪い7つの習慣

脳は気持ちや生活習慣でその働きがよくも悪くもなる。この事実を知らないばかりに脳力を後退させるのはもったいない。悪い習慣をやめ、頭の働きをよくする方法を、脳のしくみからわかりやすく解説。

内藤忍
60歳までに1億円つくる術
25歳ゼロ、30歳100万、40歳600万から始める

「収入を増やす」「支出を減らす」「お金を増やす」の3つのアプローチから、60歳までに1億円つくる方法をアドバイス。今やりたいことを我慢しないで将来の不安を解消する、資産設計の入門書。

綿貫民輔
八十一歳は人生これから

人生を謳歌するには、一に体力、二に気力、三に知力が大切だ。長年、地元富山の神官と政治家の二足の草鞋を履き、第一線で闘ってきた著者が、日々実践する健康法の効用とその生き様を綴る。

五木寛之　香山リカ
鬱《うつ》の力

迫りくる一億総ウツ時代。うつ病急増、減らない自殺、共同体崩壊など、日本人が直面する心の問題を作家と精神科医が徹底的に語りあう。「鬱」を「明日へのエネルギー」に変える新しい生き方の提案。